Partners

Practical Management and Operation Strategy of Innov

合伙人制

创新型企业管理与运营实战策略

鲍玉成 著

化学工业出版社

· 北京 ·

在移动互联网时代,企业改制已成为一大趋势。传统的雇佣制正在没落,合伙制逐步成为主流。一个不懂合作的企业将很难生存,作为新时代的管理人,不能再走保守的老路,时代在变,管理思想、观念、行为都必须跟着变。

本书紧紧围绕"合伙人制"这个话题展开。从先行的几个合伙制典型企业入手,全面阐述了合伙人制的概念、优势、特点,合伙制企业的组织框架、管理模式、运营模式、团队组建、利益分配,合伙人的相处之道,企业组建应注意的制度、法律问题,以及在各行业中的实际运用。

本书是一本适合所有创业者、中高层管理者和企业管理咨询、营销咨询人士阅读的实用性很强的企业经营管理方面的指导性书籍。

图书在版编目(CIP)数据

合伙人制:创新型企业管理与运营实战策略/鲍玉成著.
北京:化学工业出版社,2018.6(2025.8重印)
ISBN 978-7-122-31951-7

Ⅰ.①合… Ⅱ.①鲍… Ⅲ.①企业制度-研究
Ⅳ.①F271

中国版本图书馆CIP数据核字(2018)第074138号

责任编辑:卢萌萌　　　　　　　　　　　　文字编辑:李　玥
责任校对:吴　静　　　　　　　　　　　　装帧设计:王晓宇

出版发行:化学工业出版社(北京市东城区青年湖南街13号　邮政编码100011)
印　　装:北京盛通数码印刷有限公司
710mm×1000mm　1/16　印张12¹/₂　字数212千字　2025年8月北京第1版第4次印刷

购书咨询:010-64518888　　　　　　　　　　售后服务:010-64518899
网　　址:http://www.cip.com.cn
凡购买本书,如有缺损质量问题,本社销售中心负责调换。

定　　价:58.00元　　　　　　　　　　　　　　　　版权所有　违者必究

前言
PREFACE

大众创业，万众创新，在国家大力鼓励和扶持青年创业的大背景下，越来越多的人加入到了创业大军之中，新型企业大量增加。其中，合伙创业成为一种潮流，再加上企业改制大潮日益高涨，很多雇佣制企业主动寻求革新和变革，取而代之的正是合伙企业。

不懂合伙，必将散伙，作为新时代的创业者，不能再走固守传统的创业之路，时代在变，创业思想、观念、行为也要跟着变。

合伙人是指投资组成合伙企业，参与合伙经营的组织和个人，是合伙企业的主体，了解合伙企业首先要了解合伙人制。

本书紧紧围绕"合伙人制"这个话题展开，全面阐述了合伙人制的概念、优势、特点，合伙企业的组织框架、管理模式、运营模式、团队组建、利益分配，合伙人的相处之道，企业组建应注意的制度、法律问题，以及在各行业中的实际运用。本书适合所有创业者、中高层管理者和从事企业管理咨询、营销咨询、广告、公关等工作的人士阅读。书中既有案例，也有模型和工具的内容构成，方便大家学以致用，将引发爆发式增长的模式活学活用到工作实践中去。

本书由鲍玉成著，苗李敏、丁雨萌、魏艳、苗李宁、张丽萍、赵晓林、李俊英等也做了大量的资料收集与整理工作。感谢在本书的写作过程中为作者提供、搜集和整理资料等的同事和朋友。他们一边工作，一边抽出时间查阅资料、走访企业、采访当事人、调查用户，从暖春到酷夏，从凉秋到初冬，牺牲周末和节假日，加班加点，只为让案例更加充实、客观，让分析更加合理、富有逻辑性。

由于著者水平及时间所限，书中难免存在疏漏之处，还请读者批评指正。

著者

2018年3月

目录

CONTENTS

目录

CONTENTS

目录

CONTENTS

08 Chapter

第 8 章
实践与运用：各行业合伙应把握的方向与趋势 / 133

09 Chapter

第 9 章
案例赏析：名企如何做合伙 / 147

目 录

10 Chapter

第 10 章
合伙创业过程中常见问题集锦 / 159

11 Chapter

第 11 章
合伙企业常用的管理工具模板 / 171

目录

CONTENTS

第1章

合伙制：重新定义企业和创业

与传统管理模式下的企业相比，合伙企业有很多颠覆和创新。比如，没有严格的规章制度、没有企业章程，只有签订的一份合伙协议；不设股东，不设董事会，没有企业法人，有限合伙不缴纳企业所得税等；如果用《中华人民共和国合伙企业法》条款来衡量，很多企业完全对不上号，这还是一个企业吗？答案是肯定的，这就是合伙企业。

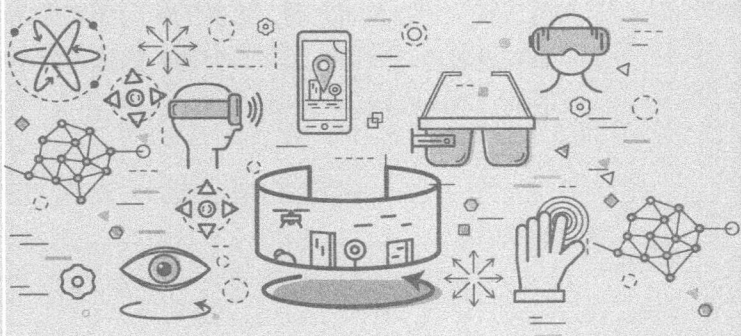

1.1 雇佣制企业带给员工的焦虑

每个人心中都有一个赚钱梦——不被闹钟吵醒，不胡乱对付早饭，不拖着疲惫的身体下班，关键是可以持续不断地赚钱，然而，对大多数人而言，梦终究只是梦。事实上，现在就有这么一群人可以让钱生钱，让自己的财富雪球越滚越大，不用朝九晚五上下班，但收入还是大多数人的十倍、百倍。

有人说，这群人是富二代，可能在拼爹，家里可能有几套房产……请停止你的猜测，他们既不是富二代，也不是暴发户，而是合伙人。

合伙人可以说是现在非常流行的一个"职业"，收入高，准入门槛低，大学生、企业员工、白手创业者，甚至家庭主妇、退休老人均可成为合伙人。随着近几年互联网经济大潮的来袭，"合伙人"这个词被越来越多的人认识和接受。互联网时代，事物发展变化之快让人猝不及防，时代更迭、人人创业、企业转型是再平常不过的场景。面对互联网时代的诸多机遇与挑战，一人单打独斗肯定是行不通的，唯有抱团，才能实现财富的积累，增加生存和发展的筹码。

案例1

A在北京的一家国有银行上班，待遇非常不错，因此毕业的十多年来很少想跳槽，换新工作。天天规规矩矩上班，无怨无悔加班，如今，已经爬到了中层成为管理人员，年薪税后30万元人民币，在四环买了房子，小日子看起来非常不错。

然而，他却说自己总是在谨慎花钱，供房子、供车子，孩子上学、老婆逛街、柴米油盐酱醋茶都需要钱，为此他还得了焦虑症，夜不能寐。

更甚者，他发现当年那些曾经不如自己的人如今赚得更多，是自己的数倍。自己这个所谓的职场精英却在苦苦挣扎，的确，在通货膨胀下，他的这份薪水显得越来越微薄，吃不饱饿不死，生活越来越没劲。

他经常感叹，在北京这种大都市赚钱的机会其实有很多，身边好多人自己做起了公司，有的与别人合伙开了公司，还有的干脆拿钱投资入股，坐收渔翁之利。这样的机会也曾经落到过自己头上，曾有个朋友邀请自己入伙一起干。但他始终觉得好不容易有这么一份稳定的收入，不能放弃。

是死守一份看似不错的工作？还是放开胆子，迈开步子去创业？正是案例1中A的焦虑所在，其实也是当前很多职场精英，尤其是北京、上海、广州、深圳等一线城市职场人的通病。这种焦虑表面上看是钱的事，其实，远不止如此，这反映了互联网经济时代旧企业经营模式与新企业经营模式的激烈碰撞。不同商业模式下一个人的收入差异是巨大的，有什么样的经营模式就会有什么样的工资制度。

被雇佣者干一份活，拿一份钱，零风险；合伙人则利益与风险并存，虽有高收益，但也有可能血本无归。工资制度，是商业模式的集中体现，稳定的工资制是传统商业模式形成的一种形式，而兼具高收入和风险性的合伙制则是互联网商业的收入模式。

假如某人入职第一年工资为3万元/年，以3年为期限，在不同经营模式下工资增长情况会出现很大的差异，图1-1所示为工资制企业收入增长模式，其增长几乎是成比例的，图1-2所示为合伙企业收入增长模式，为指数级裂变增长。

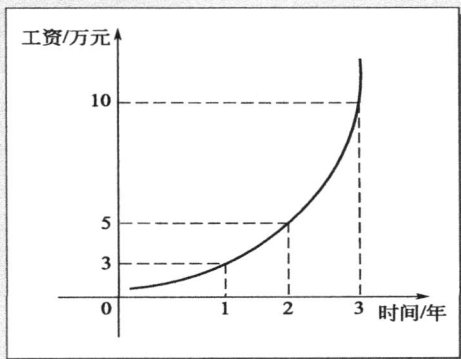

图1-1　工资制企业收入增长模式

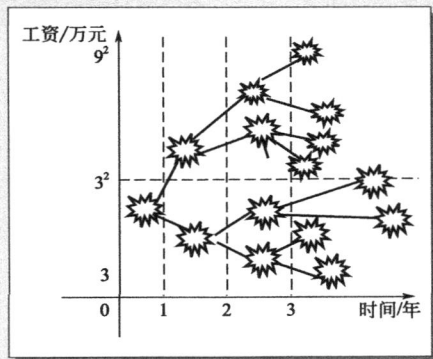

图1-2　合伙企业收入增长模式

传统商业社会中的工资增长模式是呈线性的，相对静态和稳定，随着时间的推移，个人专业度、努力程度逐步增长，经验也越来越丰富，到一定阶段后很难有比较大的跨越。而互联网商业社会中的增长模式是指数级的，一个人的收入在较短的时间内可能呈现爆炸式的增长。这与个人能力、经验、努力程度往往不成正比，通常与所在的公司、所处的市场、与企业所参与的程度有关。

固定的、教条的工资制度，通常出现在雇佣制企业中，这种形式在互联网经济浪潮中正变得越来越尴尬。传统观念认为，好的工作要的就是"稳定"，哪个公司的工资更高、更稳定，我们就往哪个公司去；如今形势却发生了变化，有意义的工作需要的不再是稳，而是更多的"无限可能性"，不但要看显性收入，还要看发展潜力及社会意义。

互联网最大的作用在于产生了人与人更低的成本链接，更高效的沟通，更高频的合作交易。用一句话总结，就是增大了个体的传播力和影响力，以及未来不可预测的想象空间。传统工资模式已经并不太适合互联网商业，获取利益方式单一、固定，增值慢且让人缺乏动力，久而久之也会在一定程度上影响人的工作积极性和想象力。而不合时宜的工资模式正是企业管理模式落后、与时代脱节的集中体现。

1.2 雇佣制企业正在逐步被取代

提到合伙企业，我们必须先回顾一下雇佣企业。雇佣制，是很多国家和地区的企业长期使用的一种主流管理模式，尤以日本最为典型，包括我国企业实行的固定工资制度，也具有雇佣制的特性。在雇佣企业中，员工一旦被录用，就可在雇佣期内进入企业工作。期间只要不违反企业规定，不损害企业利益，就不会被解雇。

那么，什么是雇佣制呢？所谓的雇佣制，是指雇佣者以工资来换取被雇佣者劳务、技术或其他投资的一种制度，以达到各自利益的满足。雇佣者与被雇佣者在隶属关系上是服从与被服从、管理与被管理的关系，且存在不对等的现象。雇佣制管理模式如图1-3所示。

雇佣者　付出劳务、技术或其他投资　雇佣制企业　被雇佣者　支付工资

图1-3　雇佣制管理模式

在企业中，雇佣双方就是指雇主（老板）聘请被雇佣者（工人），通过支付薪水的方式交换被雇佣者所付出的劳动。雇佣制是特定历史时期的产物，曾经被誉为最具忠诚主义、温情主义、集体主义特色的制度，在很长一段时间内对企业的生存、发展有着极大的促进作用。

尤其是20世纪20年代至80年代初，当时劳动力不足、人才紧缺，成为企业面临的最大问题，且这种局面难以在短期内发生转变，生产能力远远赶不上市场迅速扩大的需要。在这种背景下，企业为了稳定员工队伍，防止员工跳槽，普遍实施了雇佣制。这种制度其实直到2000年之后仍在大量使用。

案例 2

某IT企业是国内最具影响力的企业之一，20世纪90年代，该企业曾对核心员工实施了终身制，收到了不错的效果。

众所周知，软件技术开发是个青春职业，软件开发人员基本就是在吃"青春饭"。因为软件开发是个非常烧脑的工作，很多程序员超过40岁就会体力不支、创造力下降，严重的还伴有多种职业病。因此，很多IT企业一般不倾向招聘35岁以上的技术人员，同时，在经过多年编程历练和行业生存法则考验后，30 ~ 40岁的成熟程序员也会向行业内其他企业中层管理岗位谋求发展，成为跳槽的主要群体。

该企业在老员工中推行"核心终身制"，即在公司服务满10年，超过35岁的老程序员都可以签订"核心终身制"。这一制度的实施解除了部分人的后顾之忧，因而受到35岁及以上年龄员工的大力支持。

经过10年的经验积累，很多员工对工作产生了强烈认同，把创造业绩和分担风险当作一种使命，有过这种经历的员工在提到相关案例时，会感到光荣和骄傲。此时，施行"核心终身制"不仅杜绝了人才流动、论资排辈、因不被辞退而混日子等现象，还进一步促使员工对工作采取一往无前的态度，更有助于他们进一步挖掘自身的潜质。

当时，在国内实施终身制的IT企业基本没有，该企业逆势而为，反而留住了人才、降低了离职率，更有效地保留了高级技术人才、降低了培训成本，提高了企业技术竞争力。

雇佣制对缓解企业劳动力资源紧张关系，促进企业的发展，确实起了重要作用。同时，雇佣制对企业的影响还表现在企业忠诚文化和员工个人价值观的形成上，有利于员工忠诚度的形成，树立"公司就是家"的观念。许多雇佣制企业的员工都有"企业是我家""我是企业主人翁"的理念。雇佣制企业的优势如图1-4所示。

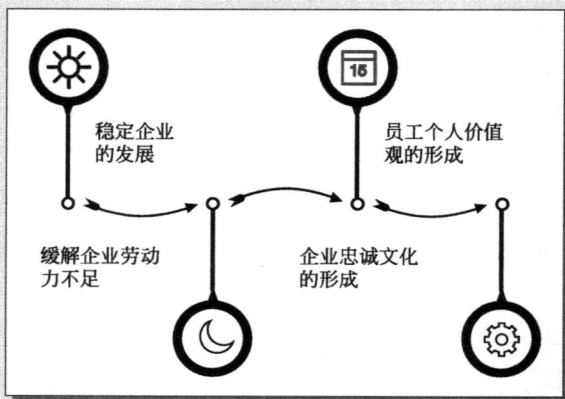

图1-4　雇佣制企业的优势

1.2.1　雇佣制的优势

雇佣制企业由于是特定经济发展阶段的产物，因此在特定的历史时期还是十分有优势的。例如，在员工的福利待遇、养老医疗、奖金津贴方面做得都非常好，很大程度上解决了员工的后顾之忧。同时，由于企业与员工利益长期捆绑，很多员工一进入企业就是十几年、二十几年，甚至终生。

因此，员工对企业有依赖感，进入企业有一种家的感觉，员工与员工之间有着较为深厚的感情，相互关心、相互帮助，从而造就了企业员工间融洽的人际关系，重情重义的氛围下，忠诚度较高。

终身雇佣制是由被尊为经营之神的松下幸之助提出的。1928年他提出："松下员工在达到预定的退休年龄之前，不用担心失业。企业也绝对不会解雇任何一个松下人。"这样一来，企业可以确保留住优秀员工，员工也可以得到固定的保障。松下开创的经营模式被无数企业效仿，这一终身雇佣制度也为"二战"以后的日本经济腾飞做出了巨大贡献。

终身雇佣制、年功序列制与企业内工会制度被称为日本企业经营的三件神器。作为传统日企的经典管理模式，从终身雇佣制入手讨论日企的没落原因很有必要。

日本企业一直以来秉承"终身雇佣"的价值观。终身雇佣制正是基于"有恒业者方有恒心"的理念，使企业创造类似"家"的环境，以培养员工的集体意识，服务于企业持续、稳定经营。

综上所述，雇佣制的核心在一个"稳"字上，企业靠为员工提供优厚的福利待遇、极大的精神支持来维系与雇员的关系，最终留住人才，留住资源。如日本的很多企业都有完善的福利制度，包括社宅制度、廉价贩卖制度、共济制度、奖金制度、津贴制度、教育教养设施等一系列制度，通过这些优惠措施让企业具有"家庭式"的温情。

雇佣制之所以能够长期存在，就是因为其稳定的企业制度，这是特殊历史时期经济发展形势下产生的一种特定需求。经济发展水平有限、劳动力不足、人才紧缺，企业正需要这样一个"紧箍咒"来限制和约束员工，雇佣制在这种情况下便大放光彩。

1.2.2 雇佣制无法满足现代企业用人要求

互联网快速发展的背景下，企业需要高效的执行力、超强的应对能力和丰富的创造力，这已经成为企业对人才的基本要求。而传统的由上下级制组成的雇佣关系，既适应不了经济的快速发展和变化，也无法保证提供稳定的优秀人才队伍。

这也是为什么海尔、万科、阿里巴巴、华为、小米等企业都在纷纷寻求变革的原因。近些年，他们从单纯的雇佣制逐步转变为合伙人制，虽然过程极为艰难，但确实带来了彻底的改变。通过拆解雇佣制多重层级管理关系，在成功保留原有业务流程的基础上，实现资源、收益归属、业务模块的重组划分。

换句话说，合伙人制彻底解决了传统企业变革过程中的人才难题，真正为企业带来求贤若渴的人才。在人才难题上，合伙人制度的贡献主要表现在以下3个方面。

（1）不是付钱给人，而付钱给对的人，实现人才资源的优化配置

2010年起，阿里巴巴开始在管理团队内部试运行"合伙人"制度。团队由30名具有不同的业务能力、背景的高层管理人员组成（共持有阿里14%的股权）。在这个合伙人团队中，有负责交易系统的，有来自技术部门的，也有具有金融背景、负责金融业务的。从人才资源的均衡上来看，最大限度地保证了团队的健康，横跨财务、人力、技术、战略、法务等多个领域。

（2）合伙人制通过权力下放、利益分配，保留了企业的最核心人才

小米公司是典型的股份合伙制，据公开资料显示，雷军持股77.8%，黎万强、洪峰、刘德几个联合创始人各有股份，就连初创期的40多名员工也自掏腰包成为公司的原始股东。小米的各个合伙人各管一块，充分授权，各自全权负责自己负责的一块业务或职能，其他人不会干预。而其组织架构基本是只有三级：合伙人→新主管→员工。

（3）鼓励内部创业和创新，让更多的人能够参与到内部创新中去

现在的职场是一个多元化发展的时代，每个人的机会越来越多，尤其是一些年轻人，即使在企业上班也有自主创业的想法，不想再受"一职定终生"的束缚。而有的合伙企业则可以提供更好的平台，更加自由、宽松的创业环境。

如海尔集团在企业内部专设了创业基金，并与专业投资公司合作，支持员工进行内部创业。员工只要有好主意、好点子，公司就可以给资金鼓励他组建队伍去创业，而且员工可持股。

所以，合伙人制度解决了雇佣企业用人不足的局限，也解决了企业在人才管理中所遇到的种种难题。一切都表明，合伙人制已经比雇佣制更能满足企业的用人需求，如果再坚持不变将无法取得更大发展。事实上，很多雇佣制企业正在遭受用人方面的多重打击，如劳资关系的恶化、人才浪费和受限、人才流失、工作效率低下等。

未来企业四大运营特征如图1-5所示。

合伙人机制下的合伙企业正好具备这些特征，能相对稳定地吸引资金、凝聚人心，将分散的资源聚集在一起，经过资源整合、传播重建、能量管控让其发挥更大的作用。因此，互联网、移动互联网、新经济形态的新型企业制度开始异军突起。

传播重建
注重流量，实现流量突围

快营销
注重现金流，越充裕发展越快

结果导向
让事实说话，用效果衡量

"三无"扩张
巧妇也可做无米之炊

图1-5　未来企业四大运营特征

1.3　雇佣制企业的弊端显现

前面我们讲到，雇佣制之所以曾被很多企业采用，是特定经济形势下的特定需求。这种制度具有一定的稳定性，这一特性恰好迎合了当时绝大部分人的需求，只要努力工作就会有所得，无论是物质上的还是精神上的，从而保证了员工的基本利益。然而，随着时代的发展，各种企业管理机制的创新，其弊端就逐渐暴露出来。

经总结，这些弊端主要体现在以下5个方面，如图1-6所示。

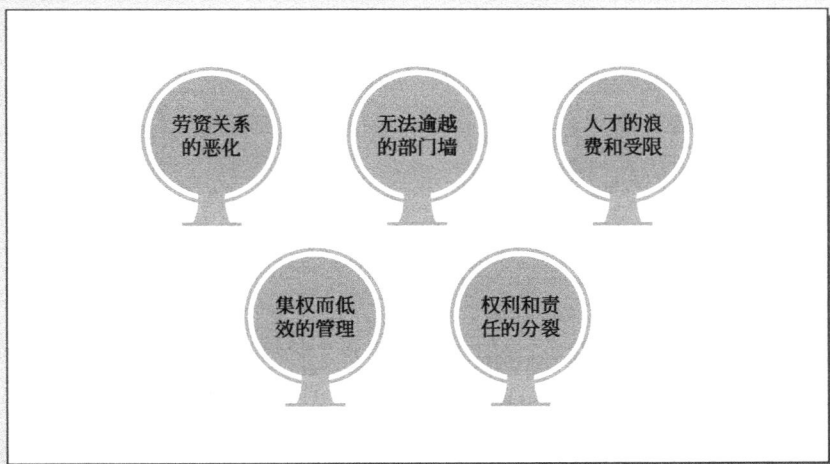

劳资关系的恶化

无法逾越的部门墙

人才的浪费和受限

集权而低效的管理

权利和责任的分裂

图1-6　雇佣制企业的5个弊端

1.3.1 劳资关系的恶化

雇佣制企业不太重视员工的利益，有的即使在这方面做得不错但也存在局限性。重业绩、轻情感，重短期效果、轻长期潜力挖掘，重外在的物质满足、轻内在的情感满足。因此，在雇佣制企业中，员工虽也能拿到高工资、高福利，但归属感不强，劳资矛盾也非常明显。

从根本上讲，劳资矛盾是由劳资双方的利益关系所决定的。在雇佣企业中，劳资双方是雇佣和被雇佣关系。资方认为，我花钱雇佣你，你就得无条件付出，能带来多少利益就得多少薪水；反之，如果不能为企业带来利益，这种关系将难以维持。劳方则认为付出与所得不对等，从而产生了应付、厌烦的情绪，要么跳槽，要么混日子。

案例 3

珠三角地区是我国重要的企业集中带之一，既有低端的港资加工企业，也有像富士康、本田这样的世界五百强企业。但它们有一个共同特征：管理模式落后，管理水平低下，大多还停留在20世纪80～90年代的管理水平。这种状况带来的最直接问题就是劳资矛盾日益突出，招工困难，大量企业倒闭。

据统计，珠江三角洲地区劳资矛盾最突出的2015年，一年间共有76家企业关门，其中东莞占27家，比例超关门企业总数的1/3。东莞作为中国制造业大国的一个样本区域，但凡任何有关制造业的风吹草动，总能在东莞找到分析样本的一块区域。在这几年，以东莞、深圳等地为代表的珠江三角洲制造业，特别是以中低端为主的中小手机代工产业正在面临着集体煎熬。

在行业上，家具、纺织、服装、电子、陶瓷等7大劳动力密集行业成为高发行业。据不完全统计，在公开报道的倒闭的大中型工厂中，绝大部分主要集中在陶瓷、家具、纺织、玩具、纸品包装、电子、服装7大行业，这些行业均属于劳动密集型行业。

为什么会如此？其实这是它们的生存策略，由于大多数企业是劳动密集型产业，为了降低用人成本，只能安于现状。显然这已无法满足新一代以90后为主的打工者的社会和精神需求。因此，也是全国劳资矛盾最突出的地区之一，员工闹事、跳槽等现象频频发生。

对于一个企业而言，无论是传统企业，还是创新型互联网企业，最需要的是人才。然而，传统企业已经被所谓的"雇佣思维"所禁锢，常常以自我为中心，把员工当机器来管理，缺乏对人才的真正关注和关心。

这样一来，人才流失必然会愈发严重，员工的忠诚度也会不断下降。因此，劳资矛盾永远是雇佣制度一个无法根治的痛点，也是雇佣制企业无法协调的主要矛盾。

1.3.2 无法逾越的部门墙

部门墙是雇佣制企业面临的另一个问题，且逐步成为不可调和的矛盾。雇佣制企业中大多数都设有多个部门，不同部门分管不同的业务板块。在这种情况下，各部门之间就会有利益之争，互不配合，出现问题有互相推卸责任的现象。比如，客户投诉产品质量问题，市场部门会推给销售部门，销售部门又推到技术部门，最终问题往往是不了了之……

这样推诿扯皮的现象非常多见，且协调起来十分困难。

案例 4

随着华为发展规模越来越大，机构越来越多，逐渐出现了官僚主义，总部权力机构乱发指令，靠权力控制一线，逐渐脱离实一线。而一线认为反正是总部负责，自己也不用太费力。这就使得上下级部门之间、部门与部门之间出现僵化，沟通不畅，形成沉重的"部门墙"。

2009年初，任正非在公司的一次内部会议上表示要亲自砸掉部门墙，破除官僚主义，大胆授权，让前线员工参与决策，让高层深入前线了解情况，以减少前后方的沟通成本。

任正非首先做的就是改造华为的组织结构，第一，利用流程管理取代人为管理。以前，华为的产品开发都在中研部，产品经理定位研发，实行IPD（集成产品研发流程），改革后将改由PDT（产品开发团队）来承担研发规划，产品经理不再做研发管理，而是直接由产品线管理团队管理。每个产品都有各自的PDT，每一个PDT团队由研发、市场、财务、采购、用户服务、生产等各部门抽调的代表组建。就像一个创业型"小企业"。

第二，将中央集权管理模式适当进行分权管理，并演化为职能部门（营销、开发、供应链、财务、HR等）EMT轮岗制度。华为的EMT轮岗制度是砸掉部门墙的有效武器。因为轮岗，高管今年在这个部门，明年在那个部门，"山头主义"被削弱了，部门利益被压制下去了，公司的整体利益被提升上来了。

同时，EMT轮岗制度也使权责更明晰，负责营销的管营销、负责开发的管开发、负责财务的管财务、负责人力的管人力，可大大缓解总部权力机构的压力。如任正非作为企业掌舵人，日理万机，没分权之前还需要部署华为公司某部门的具体工作。事实上，他可能并不了解该部门的具体工作，但出于责任必须亲力亲为，这是不合理的。而通过选拔高管实施分权管理，他就可以不再管这些事情，腾出时间来思考企业战略层面的东西。

任正非通过改造组织结构，大胆授权，大大强化部门职能。经过十多年的努力，华为的管理基础和控制平台已经基本改造完成，管控机制已经得到了优化，基本实现职业化、规范化管理，具体工作的实施，完全由流程来控制，不再由少数"人"来控制。

以上案例说明，企业的部门墙势必会影响到企业的整体利益，部门墙对企业的发展百害而无一利。可以说，当一个企业各部门不是主动去解决问题，而是相互推诿时，这个企业注定是要失败的。

所谓的部门墙，就是企业内部官僚气严重，"官官自封"，要集中力量办点事情要跟多个部门沟通，往往资源调配不到位，研发周期缓慢、实施步调不一致，很多事情无法正常开展。部门墙表面上看是由于企业内部门林立，各自为政造成的，其实还有更深的症结，即利益分配机制出了问题，权责不明，权利和义务不对等。出于利益之争，部门间就会相互制造矛盾、摩擦，既造成了内部人力与财力的消耗，又降低了对外的竞争能力。

部门之间只有利益分享，没有责任担当（合伙制恰恰在这点上做了明晰的约定），使得部门最关注的不是利益，而是能不能取得更好的成绩，能不能带动企业的整体发展。合伙人制能调和企业中各方的利益，将责任、权利、义务对等，从而将部门墙的产生扼杀在萌芽状态。

当所有人都不将企业整体利益放在心上时，各部门之间的隔阂就会越来越严重，甚至出现恶性竞争，相互拆台，部门之间的"墙"也越来越厚，至此，整个企业也必将受影响，凝聚力下降，效率低下，效益增速缓慢。

1.3.3 人才的浪费和受限

雇佣制企业在管理上层级往往较多，一级压一级，层层审批。有时候即使一个小小的计划，可能都要经多人之手，审核、签字、批复等，才能得以执行。在这里，经多人之手不是关键，不同的人审核、签字，责权明晰，出了问题追责一目了然，关键是在很多企业中会出现一些不必要的环节，是无谓的"空中"消耗，不但使成本大大增加，而且降低了工作效率，一套程序走完可能多耽误好几天。这样一来，员工的积极性、主动性就会大大受到影响，且这个过程持续时间越长，积极性、主动性消退得越快。

管理层级过多，带来的后果就是人才资源的浪费和受限，员工的积极性和创造性受到压制，再加上有些企业权利分配不合理、权责不对等，上级官僚决策能力弱，那么整个企业的人才优势就很难得到最大限度的发挥。任何一项工作，都是靠基层员工强有力的执行做出来的，基层员工的优势无法得到发挥，久而久之就会产生一种"懒惰""懈怠"之心，不会对企业百分之百地付出。

互联网时代，结构的扁平化成为一种大趋势，也是企业组织改革道路上的一种共识，这在电商所在的零售领域尤为突出。层级越少，信息沟通越充分，员工主动性越大，对市场的反应也越迅速。合伙企业实行的正是一种扁平化的管理模式，管理者与基层员工之间距离越来越短，层级关系越来越少，员工的积极性、主动性可以得到进一步提高。

1.3.4 集权而低效的管理

层级过多必然会带来集权，因此，集权是雇佣制企业中最显著的特征之一，尤其是中、小企业，所有的权力往往都集中在老板，或少数决策人手中。即使放权，也很难下放到与之相对等的人手中。我们可以先来看一个案例。

案例 5

某企业厕所频频出现问题，已经影响到了正常的使用，直接负责这件事情的行政部门向总经理做了汇报，说公司厕所出现了问题，且已经多次与维修部门沟通无果，请求维修部配合解决。

原来，行政部认为厕所的问题可能是水压不够造成的，而维修部门认为不是水压的问题，是使用不当造成的，并埋怨行政部门没有做好宣讲工作。

针对这个"连环案"，总经理派助理到厕所检查了一下，助理回来后报告说："有8个洗手间存在水压问题，主要集中在办公楼。"

总经理把行政部经理与维修部总监叫到一起，商量如何解决这个问题，最后得出的结果是维修部配合行政部马上去解决。然而，第二天维修总监交给总经理一个书面报告，报告称：由于需要更换加压泵，请求财务处拨款10万元作为维修费，且要增加两名后勤人员专门负责厕所卫生。

总经理考虑到人员成本的问题，没有及时批准，再加上手头上还有其他事情要处理，无暇顾及，这个问题也就暂时被搁置下来了。

两个月后公司董事长来视察，恰巧在坏掉的厕所如厕，亲自体验了"惨况"。事后，董事长先是找到了行政部，怒斥行政部经理不作为。行政部经理满是委屈，解释道："两个月前就把书面报告提交给总经理了，但不知什么原因一直没有批准。"

最终这个问题也成了无头案，行政处、维修部和总经理相互推诿，没有人愿意承担责任，最终在董事长的统一下令后才得以解决。

其实，造成这种现象的根源在于过于集权的管理方式，集权导致了工作效率低下（合伙制，恰恰是对权力的无限制分散和下放）。所谓的集权，指的是领导者将权力集中在自己手中的行为和过程。简单地说，就是大大小小的事情都要一手抓，这样势必会影响决策的速度与质量，影响企业的长远发展。

事实上，总经理完全可以把精力放在企业经营上，厕所冲不干净这样的事情全权交给行政部。为什么行政部把这个问题反映给总经理呢？这里面肯定是有原因的，说明总经理以往插手过类似的事情。问题一旦汇报给总经理，总经理就要考虑到其他部门的意见，意见不统一的要想办法协调。这样一来一回不但造成了时间上的浪费，还直接耽误了问题的处理。如果一开始就由行政部出面解决，或许早就解决了厕所冲不干净的问题。

过于集权的管理方式造成的不仅是公司运转效率低下，还会造成决策失误，造成员工的能力和积极性受到压制。

1.3.5 权利和责任的分裂

任何一个岗位都是权利、责任与义务的合体，有多大的权利就要承担多大的责任，有多大的责任就要履行多大的义务。如果权利与责任不对等，权利大责任小或权利小责任大，都会引发一系列矛盾，影响到企业的团结。

某公司因久久无法推出新品导致在市场竞争中处处被动，公司高层将原因归结为研发人员的能力问题。为此，做出了降薪、裁员的决定，研发部30%的员工被裁，仅留下的几个骨干员工和主要负责人也被迫"自愿"降薪。

难道真的是能力问题吗？然而，事实并不是这样，据该部门一位项目负责人私下里诉苦：产品之所以开发不出来，他们也面临着巨大的压力，业务部门为了拉生意、拿提成，千方百计地"开疆拓土"，对真正有无研发的必要性全然不顾。

当业务部把订单递交上来，按照公司规定，研发部必须先承接下来，至于后期该如何去操作并没有明确的制度规范和约定。研发部为了迎合公司的要求，不得不花大量时间来调研、开发，按照客户的各种需求去不断修改、校正自己的产品。同时，为了减少损失，还必须按照客户的需求做好需求分析、调研和评估工作，如该产品是否有研发的价值，研发的价值有多大，研发出来的产品有多大的市场。有时候为了做出一款合适的产品，研发部所有人员连续加班加点忙碌，核心员工经常加班到深夜十一二点。

而公司在工资待遇和绩效考核上却非常不公平。很多研发人员薪酬不及业务部门的1/3，如果犯错连全额奖金、加班费都拿不到。所以，该公司研发人员与其他部门的人员薪酬相差太大，这直接使得有些研发人员大为不满，产生抵触情结，工作积极性、创造性也大大受挫。

在上述案例中，反映出来的即是权利与义务的不对等。多劳多得，少劳少得，这是最基本的分配原则，而在该公司中似乎得不到完全的体现。研发部既承担了研发的责任，又做了市场部该做的调研工作。本应该得到更多的报酬，而公司则硬性地规定了工资标准、考核标准，这相当于把权利与责任硬生生地割裂开来。所谓的绩效考核也没有真正地体现出公正、公平、合理的分配原则。

将各个部门的职责割裂开来，又没有对它们的权利和义务进行明确的分工，这是很多雇佣制企业的通病，因此，常常会有权责不明的情况发生。对于需要几个部门，或团队合力完成的项目，公司表面上给了分工，A该干什么，B该干什么，实则在执行时仍是一团乱麻。就像案例中的情况一样，业务部负责调研、接单，研发部负责产品的设计、研发。而业务部由于没有真正地搞清楚此单有无必要做，以及做的价值，结果让研发部在研发过程中加班加点做这些事情（因为一旦出现不合格产品，研发部是第一责任人），这相当于把业务部的部分责任转嫁给了研发部门。

第2章

不懂合伙，必将散伙，找对合伙人就有了一切

随着所有制结构的不断优化和调整，越来越多的经营模式也在各行各业中生根发芽。合伙经营便是这些经营模式中最有活力的一种经营模式，现在，在企业中非常流行合伙人制度。真格基金创始人之一徐小平提出：合伙人的重要性超过了商业模式和行业选择，比你是否处于风口上更重要。

2.1 找对合伙人就有了一切

合伙制与雇佣制是两种完全不同的、对立的企业管理制度，在很多方面存在着差异。然而，在当今这个"大众创业、万众创新"的时代，合伙制有了更大的施展舞台，成为很多企业经营管理采用的主流模式。尤其被新型企业、互联网企业追捧，阿里巴巴创始人马云曾说："下一轮竞争就是合伙制度的竞争。"这句话强调了一个重要的信息：寻找优秀的合伙人，与优秀的人才合伙，才有可能成就更大的事业。

与此同时，不少传统企业也纷纷转型，寻求革新，领先的企业如华为、万科、海尔等。

案例 1

中国房地产业的龙头万科集团曾召开合伙人创业大会，1320 位中高层管理人员成为万科集团的首批事业合伙人。万科总裁郁亮在大会上喊出这样一句口号："职业经理人已死，事业合伙人时代诞生。"

与此同时，新东方董事长俞敏洪自述"我是怎么被'中国合伙人'的"，又一次引发了关于企业合伙制的热议。从互联网巨头阿里巴巴到地产界翘楚万科，从轻巧灵动的创业企业到声名显赫的传统企业，"合伙制"已成为管理界的新名词。

在名人效应的光环下，合伙人制成为所有人关注的焦点。然而，"合伙"的概念并非现代社会专有。它可以说是自古有之，是人类历史上最早的两种企业形态之一（另一种企业最基本的形态就是有限责任公司）。从起源上看，无论是欧洲古代，还是中国古代都有合伙的身影，如三国时期的刘备、关羽、张飞桃园结义就是一次典型的"合伙"；古罗马时期也可以找到合伙的原型，到中世纪时期这种契约基本形成，有了有限合伙人的雏形。这说明合伙并非一个新事物，在源远流长的历史长河中一直在不断地发展着、演变着。

只不过"合伙"在现代产业社会中才以制度的形式确定下来，慢慢地渗透到各个领域，被企业所运用。合伙制对行业、领域是有较高要求的，也就是说，并不是所有的行业都适合合伙制（2.4 节中会重点讲到）。率先做合伙企业的大部分集中在知识型行业中，以知识型、轻资产型的企业为主，如律师、会计师事务所、信托公司、咨询培训机构等实行的都是合伙人制度，而且效果非常好。

合伙企业的重点涉及领域如图 2-1 所示。

图2-1 合伙企业的重点涉及领域

合伙制为什么最先在知识型企业运用，这是与其特点分不开的。首先，合伙制激活了人才资源；其次，合伙制打破了人才壁垒，最大限度地发挥了人才的价值。

例如，当一个应聘者最初以合伙人的身份，而不是员工、打工者的身份进入公司后，就不会有"我只是一名打工者""我与公司无关"的想法。而是全身心地投入进去，把自己当成公司的主人，任何时候懂得从公司的角度去思考；当一个部门领导成为企业合伙人后，他就不再局限于自己的工作职责，局限于自己部门的小利益。相反，大局观更强，时时事事以企业整体利益为先，推倒"部门墙"，努力促进部门之间的合作。

可见，合伙制赋予了合伙人明确的角色定位，一个超越岗位局限的广大视角。有效地盘活了人力资本，更有利于人才价值最大限度地发挥。人才是企业最大的财富，当人才的价值得到了最大的发挥，企业就迈出了成功的重要一步。

汇聚人才、打通人才壁垒只是合伙制的优势之一，也是大多数人看到的最表面化的一层。其实，合伙制对企业的促进是多方面的。合伙制可以筹集资金、技术、劳务等众多资源，并使这些资源得到优化配置，互通有无。同时，还可以使不同合伙人之间有精神层面的提升，促使各合伙人精诚合作、并肩作战、共担风雨。

因此，无论是抱着创业、做企业创始人的目的，还是参与企业管理，做一名投资人的目的，都一定要深刻认清一个现实：未来企业所有人都是合伙人，没有上下级，没有特权，更没有"打工仔"一说。也就是说，领导虽然有权，却不能把自己当成高高在上的"皇上"，对下属呼来喝去；一个参与者即使无法进入企业的决策核心，掌控决定企业的未来发展，也必须尽职尽责，做好自己分内的工作。混吃等死，当一天和尚撞一天钟的日子不再有。人人必须有平等意识，和平相处、互帮互助，以特有的姿态投入工作中。

时代在变，企业的管理模式同样也需要变革，雇佣制已经不再适合移动互联网时代的要求，打破传统的雇佣关系、更大限度地发挥人力资源优势、强强联合，一切都表明，合伙制时代已经到来！

2.2 合伙能为企业带来什么

在管理实践中，合伙制也正在逐渐取代传统雇佣制，所谓的合就是共用、共享，通过合作实现资源的互通有无、扬长避短，那么，合伙制到底在"合"什么？具体来讲体现在四个方面。

2.2.1 人才的互补

人才是企业的重要资源，没有人才企业的发展无从谈起。因此，长期以来人才的缺乏就成了制约企业生存和发展的最大问题。留不住人才，根源在哪儿？有人说是薪酬不够吸引人，行业间的恶性竞争，抑或是当事人的自身问题。这些都是影响因素，但最根本的还是企业的体制问题。

合伙制作为一种全新的管理制度，解决的就是企业体制问题。解放了人才，可以让个人充分融入企业中来，参与到企业的管理中来，成为企业不可分割的一部分，这也使得合伙企业在吸引人才方面更有优势。

合伙制是吸收人才的"蓄水池"，用参与经营、高额回报将个人与企业利益紧紧捆绑在一起。这样一来，合伙人做事就有了积极性，更重要的是可以与其他人互补，互通有无。

案例 2

比尔·盖茨当年创办微软时，自己已经是一个计算机方面的天才，但是在公司管理方面，他却感到手足无措，以至于微软刚创立后不久就陷入了危机。比尔·盖茨对自己的能力有清晰的认知，知道自己不善于管理和经营，于是马上想到寻找合伙人，这个合伙人就是他的哈佛校友史蒂夫·鲍尔默。

鲍尔默性格外向，热情洋溢，有幽默感，善于用煽情的语调表达自己，并有极强的社交能力，与性格腼腆、沉静稳重、不善交际的比尔·盖茨恰好相反。两人虽然性格差异很大，但却有个共同点，那就是彼此之间善于沟通、善于合作。他们在一起时，经常对许多问题交流看法。

1980年，比尔·盖茨以5万美元的年薪，说服了当时正在斯坦福大学商学院深造的鲍尔默。除了年薪，比尔·盖茨还给了鲍尔默股权。于是，鲍尔默便成为微软第一位非技术类受聘者，成为微软的合伙人之一。

鲍尔默没有让比尔·盖茨失望，他加入微软后充分发挥了自己的社交和管理才能，并且与比尔·盖茨合作得很愉快，把微软当成自己的家，一干就是25年。他们各有所长，一个攻关技术，另一个潜心管理，两人默契配合，使微软战胜了一个又一个困难，走向了强大和成功。

如果说比尔·盖茨是一个精明的"掌柜"，那么鲍尔默就是一个忠实的"管家"，两人相辅相成，共同铸就了微软的辉煌。比尔·盖茨与鲍尔默的案例告诉我们，没有完美的个人，只有完美的团队，这也许正是很多企业寻求合伙人的初衷，寻找合伙人也是最重要的环节之一。

广纳优秀合伙人，无论是外部的，还是公司内部的同事、有潜力的员工，当他们以合伙人的身份加入进来时，就意味着这个团队将更有战斗力、竞争力。创业者与管理者只有不断吸引优秀的合伙人加入，才能保持团队的战斗力。而一个有战斗力的团队，是所有企业发展的必备基础。

2.2.2　资金的积少成多

很多创新型企业为什么"死"得那么快？一年、两年，甚至几个月。据统计，80%的创业企业寿命超不过3年。为什么？原因很简单，大多栽在了资金不足，资金链断裂上。美国科技市场研究公司CB Insights近期通过分析101家科技创业公司的失败案例，总结出了创业公司失败的20大主要原因，首要原因就是融资困难、资金链断裂。

徐小平也曾说过类似的话："创业真正的崩溃就是资金链断裂，在所谓的'寒冬'时，你要有警觉性，让企业更加接近商业的本质"。所谓的商业本质就是赚钱，用一块钱换回来两块钱，投入与产出要成正比。只要坚持商业的本质，即使真遇到经济"寒冬"，也能够挺过去。

那么，如何更好地解决创业资金问题呢？答案就是合伙，合伙制可以很好地解决企业融资难的问题。

3W咖啡——知名创投平台曾开创了众筹创业的先例，创始人许单单也由一名互联网分析师成功转型为创投人。3W咖啡采用的就是众筹模式，向社会公众进行资金募集，每个人10股，每股6000元，相当于一个人6万元。那时正是玩微博最火热的时候，很快3W咖啡汇集了一大帮知名投资人、创业者、企业高级管理人员，其中包括沈南鹏、徐小平、曾李青等数百位知名人士，股东阵容堪称豪华，3W咖啡引爆了中国众筹式创业咖啡在2012年的流行。几乎每个城市都出现了众筹式的3W咖啡。3W很快以创业咖啡为契机，将品牌衍生到了创业孵化器等领域。

同样利用合伙融资的方式取得成功的还有大家投创始人李群林。

李群林创建的大家投众筹式天使平台，其具体的运营模式是：在平台上发布某个创业项目，利用项目优势吸引足够数量的小额投资人（天使投资人），融资成功后，从中抽取一定比例的融资顾问费。

初期，为了募集到启动资金，大家投首先采用了众筹的形式。尽管遭到很多天使投资人的拒绝，但他仍没有放弃，极力在微博上推荐自己的项目，希望结识真正对该项目认可的朋友和投资人，经过两个月的努力，终于引起了深圳创新谷孵化器的注意，并表示愿意做这个项目的领投人。

紧接着，他又先后吸引了11位个人的投资，12个投资人每人出资3万～15万元不等，同时，也承诺出让20%的股份。李群林寻找投资人的过程很艰辛，12个投资人大部分也属于个人，除创新谷孵化器是机构外几乎没有任何投资经历，但从结果上看无疑是成功的，这也为大家投走向成功奠定了基础。

合伙最大的价值就是能够将众多闲置资金筹集在一起，并对这些资金进行优化配置，让有限的、分散的资金发挥它的集聚效应。

因此，合伙在某种程度上就是一种集资方式。初创人可以通过合伙的形式将大众的资金聚集起来，这些投资人每人所出的一部分资金都会成为企业的共有财产。而企业给予回报的是每个投资人成为企业的股东，并享有股权、企业盈利后的分红等。

2.2.3 资源的互通有无

合伙制不但可以解决人才缺乏、资金缺少等问题，同时也可以为企业获得技术、知识产权以及其他资源的支持。如有的合伙人有技术，有自己的知识产权，或劳务等其他资源，也可以以这些资源为筹码，成为企业合伙人，参与企业管理，分享经营收益。

有很多企业资金充足，但因缺少核心技术，这时就可以通过合伙人制来吸引新的技术、知识产权，让拥有技术和知识产权的人成为合伙人，使企业更完善，发展更稳定。

案例 5

阿里巴巴是全国最大的、全球最具有影响力的电商企业之一，但这并不代表它已经非常完美，没有自己的物流就是它最大的短板。

为了能够建立自己的物流体系，更好地提升物流效率，阿里巴巴一直在寻找合伙人。

早在2011年，阿里巴巴就宣布了一项物流打造计划：投资200亿～300亿元人民币，在全国逐渐建立一个立体式的仓储网络体系。紧接着，2012年5月天猫又宣布与包括邮政在内的九大物流商结盟，通过汇集物流服务商的服务信息，打通商品从生产企业到消费者自上而下的各个物流环节，这一切都是为"菜鸟网络"的成立而做的准备工作。

菜鸟网络，隶属于科技有限公司，是阿里巴巴于2013年5月16日成立的，能够支撑日均300亿元网络零售额，在全国任何地区做到24小时内送达的物流网络体系。在马云的设想中，"菜鸟网络"的平台应是共通的，依靠社会化分工，通过统一调配，将一个货物的配送分解成各个环节，以最有效率的方式交由多家快递公司共同完成。

可见，马云筹建这样一个菜鸟网络，旨在建立一个为自身服务的快递系统。那么就需要与物流公司、快递公司合伙，尤其是"三通一达"等大型快递公司。目前"三通一达"的网点遍及全国大、中、小城市，且体系非常完善，几乎每个网点都有自己的仓库、接驳车、收派员、信息系统。

但如何让快递公司纳入菜鸟网络大网中，并接受统一调配呢？这就需要与这些快递公司合伙，让它们某个局部环节的参与者转变为全流程的独立参与者。为实现这个目的，菜鸟网络实行了股权制，让每个快递公司都成为菜鸟的股东，实现利益捆绑。从菜鸟网络的股东结构中可以看出，"菜鸟网络"注册资金是50亿元，天猫出资21.5亿元，占股43%为最大股东；银泰出资16亿元，占股32%；复星集团与富春物流各投资5亿元；圆通、中通、申通、韵达等各出资5000万元，分别占1%。

快递企业虽然在整个公司的股东结构中占比很小，但基本确定了其股东的地位。

菜鸟网络与"三通一达"的合伙，是纯股权性质的，即隐形合伙。当然，其他的合伙也是同样的道理，这里不强调什么性质的合伙，重在说明合伙可以实现资源的互通有无，最大化利用，不仅是人才、资金，还有技术、知识产权、劳务等，以弥补各种各样的创业不足。拥有一个非常有前景的创业项目，但鉴于在管理、资金等诸多方面有些薄弱，而不得不找人合伙，这时可以寻求投资人的帮助，将自己的创业项目传递出去。当有投资者看中该项目之后就会对其进行投资，同时也自然成了合伙人之一。

这种方式已经成为很多年轻人创业、合伙企业弥补自身不足的一个途径。现在有很多手中拥有好项目的人，缺乏的就是资金、技术、平台的支持。

2.2.4 职业态度的提升

职业态度决定一切，一个人的态度决定了其职业生涯的发展，决定了其事业发展的成败。不同的态度会带来截然不同的结果，积极、乐观的态度可以激发工作的潜能，创造更大的价值，克服工作中的种种困难，高效地完成工作中的各项任务；反之，消极的、懈怠的态度则是截然相反的一种景象。

职业化的态度是一个人积极向上、永不言败、勇往直前的内心体现，想要在工作中、事业上有所成就，必须拥有职业化的态度。而这种态度在合伙企业中更容易被激发出来。

合伙制提倡所有人都是企业的主人，人人可参与企业的经营。每个参与企业经营管理的人都知道，自己不是在打工，不是为老板一个人做事，而是为自己的事业而奋斗。

是打工者还是合伙人？身份不同，做事的心情、态度以及内心价值观就会不同，这是一个众人皆知的道理。举一个简单的小例子。

员工 A 去见客户、谈业务，这是一个普通的出行，客户也是老客户。可这位员工却来回都打车，一个来回打车费用接近 200 元，而这200 元全部由公司报销。就打车这件事，公司没有一个特别的规定，打不打车这个权力完全在员工自己手中，如果业务需要可以打车，打车费用由公司报销；如果不打车，公司也不会将这笔费用额外折算给员工。

尽管这笔费用是由员工自己来决定的，但也有个要求：不要浪费。什么是浪费呢？就是花了不该花的钱。去客户处谈业务，如果说需要打车，可是，为什么在回公司时也要打车呢？

另一个案例是在设计部，在设计部的打印机旁边，永远都可以看到有一堆打印纸，用过的废纸和没有用过的好纸掺杂在一起。我们都清楚，掺杂在废纸中的那些好纸，可能在"有生之年"再也没有机会被使用了，因为它已经成为废纸中的一员了。

为什么上述两个案例会有这样的结果呢？其实还是一个心态问题，即你以什么样的态度面对自己的工作、自己的公司。如果说我认为"我就是一名员工，干好自己的活就行了"；甚至就是一个打工心态，"得过且过，差不多凑合就行了，还不知道自己在这里能干几天呢"。这种心态是不会有好结果的，更不要提如何实现人生的价值了。

员工心态下的修为即职业修为，这种修为最高的也就是职业者的"人尽其职"，可以让我们做出一些事情来，可是，却很难做出更有价值的事情来。经营者心态与事业观，与员工心态是大相径庭的。经营者心态是如何把自己的事业（人生）经营好，价值更大化，不像员工心态只是思考如何把自己的工作做好（其实，更多的员工心态是如何应付工作）。是事业还是工作，之间有着巨大差异。事业是在为自己做事，工作是在为别人做事，为自己做事还是为别人做事，心态肯定不一样。

2.3　什么是合伙企业

合伙企业是由两个或两个以上的自然人通过订立合伙协议，共同出资经营、共负盈亏、共担风险的企业组织形式。《中华人民共和国合伙企业法》（以下简称《合伙企业法》）第二条明确规定："本法所称合伙企业，是指自然人、法人和其他组织依照本法在中国境内设立的普通合伙企业和有限合伙企业。"

2.3.1 合伙企业的概念

在明确了法律条文中的合伙企业概念之后，为了更好地理解，我们可以换一种更通俗的说法。综观其概念，可以分为三个部分：①至少有2个或2个以上的所有人参与；②共同出资、共同经营、共同享有企业经营收益；③共同承担经营风险，承担连带责任。

合伙企业概念分解如图2-2所示。

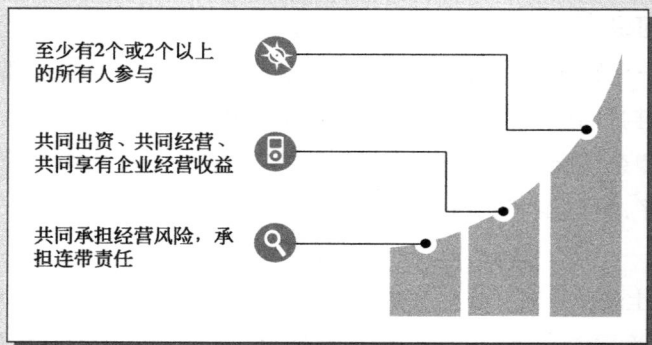

至少有2个或2个以上的所有人参与

共同出资、共同经营、共同享有企业经营收益

共同承担经营风险，承担连带责任

图2-2　合伙企业概念分解

一个企业只要具有以上三个部分，就基本可以认定为合伙企业。值得注意的是，有限合伙企业由2个以上50个以下合伙人组成，但这类企业的成立是有条件的，至少有1人是普通合伙人，同时还应具备以下5个条件：

① 有2个以上合伙人，且都是依法承担无限责任者；

② 有书面合伙协议；

③ 有各合伙人实际缴付的出资；

④ 有合伙企业的名称；

⑤ 有稳定的经营场所和从事合伙经营的必要条件。

2.3.2 合伙企业的特点

与雇佣制企业相比，合伙企业有很多自身的特点，有人说，合伙企业名为企业，由于不具有企业的特性，实际上已经脱离了企业的本质。

这种说法也有其合理性，因为一些合伙企业与常规的企业确实存在不同。如完全用《合伙企业法》的相关条款根本无法解释清楚；在内部管理上可以没有严格的规章制度和企业章程，只需与合伙人签订一份合伙协议；可以不设股东，不设董事会；可以没有企业法人，税收相对自由等。

合伙企业的特点如图2-3所示。

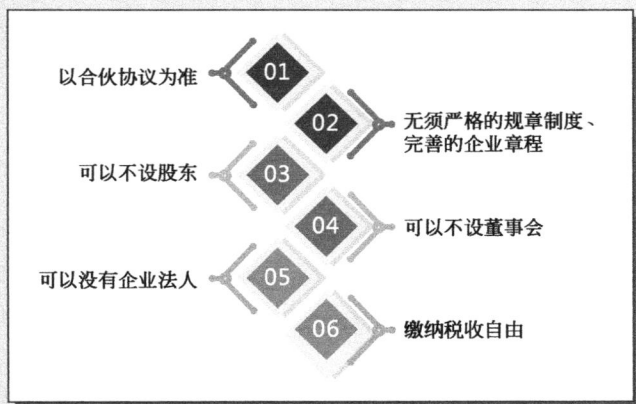

图2-3 合伙企业的特点

值得注意的是，这些条件是合伙企业存在的充分不必要条件，对此，很多人也许不太理解。那么，我们该如何正确理解呢？通俗地讲，就是具备这些条件的企业必然是合伙企业，但合伙企业不一定必须同时具备这些条件。

因此，在判断合伙企业是否合法，是否可以正常经营，以及出现利益纷争时该如何解决，可以按照以下五个特点进行判断：

（1）一切以协议为准

合伙企业成立比较容易，一般以合伙人签订合伙协议为准，签订就可以宣告企业的成立。同时如果企业发生更改，也要以协议为准，新合伙人的加入，旧合伙人的退出、死亡、自愿清算、破产清算等均以合伙协议的约定为准。

（2）人人都是决策者、执行者

合伙企业的决策、经营活动由合伙人共同完成，这点与传统企业（由董事会或股东投票决定）不同，合伙人人人有决策、执行和监督的权力。合伙人也可以推举负责人，代表所有人负责企业经营事务。但责任还是由全体合伙人共同承担民事责任。换言之，每个合伙人代表合伙企业所发生的经济行为对所有合伙人均有约束力。因此，合伙人之间较易发生纠纷。

（3）责任无限

合伙企业作为一个整体对债权人承担无限责任。按照合伙人对合伙企业的责任,合伙企业可分为普通合伙和有限合伙。普通合伙的合伙人均为普通合伙人,对合伙企业的债务承担无限连带责任。

(4)财产共有

合伙人投入的财产,由合伙人统一管理和使用,未经其他合伙人同意,任何一位合伙人不得将合伙财产移为他用。只提供劳务,不提供资本的合伙人仅分享一部分利益,而无权分享合伙财产。

(5)利益共享,先分后税

合伙企业在生产经营活动中所取得、积累的财产,归合伙人共有。如有亏损亦由合伙人共同承担。损益分配的比例,应在合伙协议中明确规定;未明确规定的可按合伙人出资比例分摊,或平均分摊。以劳务抵作资本的合伙人,除另有规定外,一般不分摊损失。

合伙人企业的缴税形式也相对自由,根据合伙企业的性质而定,根据《财政部 国家税务总局关于合伙企业合伙人所得税问题的通知》(财税〔2008〕159号)的规定,合伙企业生产经营所得和其他所得采取"先分后税"的原则。

《财政部 国家税务总局关于合伙企业合伙人所得税问题的通知》(财税〔2008〕159号)第二条规定:合伙企业以每一个合伙人为纳税义务人。合伙企业合伙人是自然人的,缴纳个人所得税;合伙人是法人和其他组织的,缴纳企业所得税。

2.3.3 合伙企业的分类

根据《合伙企业法》的规定,合伙企业分为普通合伙企业和有限合伙企业两种,两种不同的模式在经营管理权、利益所得,以及承担的责任上都有所不同。

普通合伙企业由普通合伙人组成,合伙人对合伙企业债务承担无限连带责任。本法对普通合伙人承担责任的形式有特别规定的,规定有限合伙企业由普通合伙人和有限合伙人组成,普通合伙人对合伙企业债务承担无限连带责任,有限合伙人以其认缴的出资额为限对合伙企业债务承担责任。

有限合伙人主要是指那些不得以劳务对合伙企业出资、不执行合伙事务、不对外代表合伙组织,只按出资比例分享利润和分担亏损,并仅以出资额为限对合伙债务承担清偿责任的合伙人。

普通合伙企业和有限合伙企业的不同之处,主要表现在六个方面,具体如

表2-1所列。

表2-1 普通合伙企业和有限合伙企业的不同

类目	普通合伙企业	有限合伙企业
对企业债务的责任承担方面	普通合伙人对合伙企业债务承担的是无限连带责任	有限合伙人以其认缴的出资额为限对合伙制企业的债务承担责任
与本企业交易方面	根据《合伙企业法》的规定，除了合伙协议的约定或者经全体合伙人一致同意之外，普通合伙人不能同本合伙企业进行交易	有限合伙人可以与本有限合伙企业进行交易
在竞业禁止方面	有限合伙人可以自营或者同他人合作经营与本有限合伙企业相竞争的业务。但是，合伙协议另有约定的除外	有限合伙人不可以从事与本企业相竞争的业务
在财产份额出质方面	根据《合伙企业法》的规定，普通合伙人以其在合伙企业中的财产份额出质的，必须经过其他合伙人一致同意；未经其他合伙人一致同意的，这种行为将视为无效	有限合伙人可以将其在有限合伙企业中的财产份额出质
在财产份额转让方面	除了在合伙协议中另有约定之外，普通合伙人向合伙人以外的人转让其在合伙企业中的全部或者部分财产份额时，必须经其他合伙人一致同意	有限合伙人可以按照合伙协议的约定，向合伙人以外的人转让其在有限合伙企业中的财产份额（但需要提前一个月通知其他合伙人）
在出资方面	根据《合伙企业法》的规定，普通合伙人可以用货币、实物、知识产权、土地使用权或者其他财产形式出资，也可以用劳务出资	有限合伙人不得以劳务出资

　　除了普通合伙制和有限合伙制之外，还有一种特殊的合伙企业，叫"特殊普通合伙企业"。这种合伙企业的特殊之处表现在专指以专业知识和技能为客户提供有偿服务的专业服务机构。例如，律师事务所、会计师事务所、医师事务所、设计师事务所等。

　　按规定，特殊普通合伙企业必须在其企业名称中标明"特殊普通合伙"字样，以区别于普通合伙和有限合伙企业。

　　成立特殊普通合伙企业需要满足两个条件，如图2-4所示。

　　无论是一般合伙制、有限合伙制还是特殊普通合伙制，都有三个共同点：①自愿组成的合伙组织形式；②不具备独立法人资格；③有至少一个承担无限责任的普通合伙人。

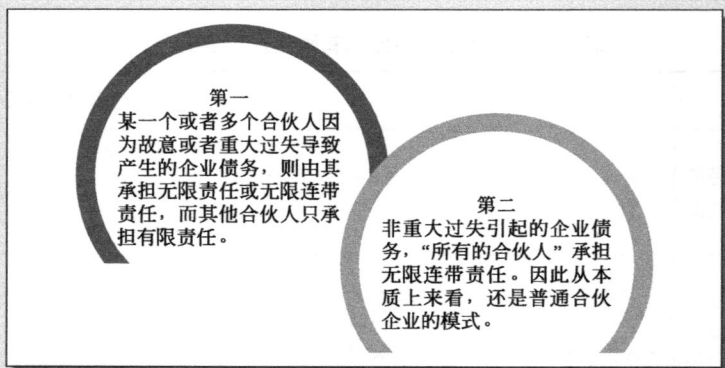

图2-4 特殊普通合伙企业的成立条件

2.3.4 合伙企业的优势

合伙制之所以能够得到大多数人的认可，被许多企业所推崇，就是因为其自身具有很多优势。尤其是与雇佣制、固定工资制企业相比，合伙制在资金的筹集上、人才的调配上更灵活，更容易操作。

（1）资金优势

合伙人可以共同出资，从资金链角度看，比独资好。企业要筹集大量资金事实上是十分困难的，权益资本的贡献通常受到合伙人自身的利益和能力限制。比如苹果公司，始于个体创业制或者合伙制，当达到一定程度时，他们才会选择转换为企业制形式。

（2）决策优势

合作伙伴的集体智慧比家族企业要强大许多，可共同应对难关；合伙企业的管理控制权属于合伙人共同经营。在重大事件上，如企业利润留存数额，往往需要通过投票来决定。

（3）管理优势

在企业管理上，合伙企业是由合伙人共同经营，信息来源广，经营决策意见可以讨论决定，可大大减少个体判断产生的失误。同时，各合伙人之间可以相互监控、相互促进。

（4）纳税优势

由于合伙企业不只是法人，还有一部分个人合伙人，因此在纳税方面比较自由，有限公司还可以申请一般纳税人资格，也可以用一些合理避税手段，个人所得税可能会大大降低，这适合小型企业。如果是注册的比较大型的合伙企业，也可以实现避税优势，合伙人以合伙企业的生产经营所得和其他所得，按照合伙协议约定的分配比例确定应纳税所得额。

2.4 适合合伙的四类企业

合伙企业有很多优势，但并不意味着适用于任何企业，实践证明，合伙是有条件的，在创建合伙企业，或者寻求企业转型时，必须结合企业实际情况而定。这里的实际情况有很多，如企业的性质、企业业务范畴、企业所处的阶段，以及股权的稳定性等。

根据上述内容可总结出大致有四类企业最适合推行合伙制，具体如表2-2所列。

表2-2 适合推行合伙制的四类企业

初创或转型期的企业	知识型、技术型企业
处于初创期的企业或者战略转型期的企业最适合推行合伙制，因为该阶段的企业正面对各类资源紧缺，或授权风险，在自主创新、主动协同等方面也很弱，急需建立一种可在短期内发挥作用的激励体制，以此来匹配企业的需求	这类企业需要不断创新，需要大量的人才，推行合伙制可以在很大程度上协调资本、知识、技术上的关系。可以让核心员工通过合伙对企业进行间接持股，让资本持有者与知识持有者和谐融合，突破传统的雇佣与被雇佣的关系
控股权稳定的企业	轻资产型企业
合伙制的有效性来源于原有股东与合伙人的利益，因此原有股权结构就显得十分重要，如果过于分散就造成企业在行动力和执行力上有缺陷，即使引入新的合伙人也不能解决问题，甚至还可能产生更多的纷争	阿里巴巴、小米企业都是典型的轻资产型企业。它们的特点就是自然资源、厂房等硬件上的有形资产很少，大部分都是轻型资产。相比重资产型企业，轻资产型企业在入股价格方面比较低，却能获得同样的增值利润

从以上四类企业的共性中可得出结论，企业实行合伙制需要满足的条件，具体来讲有以下四个：

（1）阶段性

企业最好处于初创期或转型期，那些较稳定的、正处于发展上升期的企业不可轻易改成合伙制。

（2）知识密集型企业

为什么必须是知识密集型企业？举一个例子，富士康是典型的劳动密集型企业，绝大多数劳动力都浓缩在生产线上，工人只需按照固定的程序简单地做重复性操作即可，很少需要创造力，甚至不需要创造力。对于这类企业而言，如果建立合伙机制没有意义，也没有必要。

（3）股权不能过于分散

股权结构决定着公司控制权的分布，进而决定了所有者与经营者之间的委托代理关系的性质。股权过于分散的后果就是，持股人在公司中没有实际控制权，这将直接导致企业失控。万科股权之争就在于股权过于分散。在上市之后，股权极度分散在持股股东手中，没有任何一家持股超过30%，公司资料中也显示"无实际控制人"。

（4）与业务性质有关

该企业所从事的业务可分解成一个个小的单位，且每个单位都可以单独进行核算。以律师事务所的业务为例，每个业务都是由一个个案子组成的，每一项业务就是一个项目，这种情况适合推行合伙制。反过来说，另一些企业的业务，需要海量的人一起协作，这就是不具备封装性的业务。业务如果没有封装性，合伙份额就无法确定，因为每个人的贡献既无法量化评估，也无法通过内部博弈谈判来确定。

总之，一个企业要推行合伙制度，需要认真分析一下自己的企业是否满足这四个条件，即阶段性、知识密集型、股权紧凑型、业务封装性。

2.5 合伙企业的申请、注册

创业之前必须了解相关的流程、国家规定以及当地特殊的地方性政策与规定。尤其是第一次创业的年轻人，一定要把相关流程研究透彻，否则，盲目行事则会带来不必要的麻烦，甚至会使你半途而废，无功而返。

案例7

胡强准备与他的3个朋友共同创办一家公司，他们一共凑齐了50万元，随后就开始张罗着选址、注册公司，并给公司起名字。4个从来没有创办企业经历的年轻人从公司注册这一步就开始"晕菜"了。

虽然在产品的设计开发中，他们个个都是好手，但是在准备创办企业这件事上，他们甚至连工商管理部门的大门朝哪边开都不清楚，这让他们心里没了底。为了了解注册程序，他们先到工商管理部门拿了一套注册公司的程序介绍。

　　几个人回来研究了一番，却发现越研究越不明白。像他们这样开发防盗系统的公司究竟应该注册成什么类型的企业，应该提供哪些资料呢？具体的费用又是多少？究竟该怎么给自己的公司起名？几个人商讨了好几个晚上还是没有个结果。烦琐的注册程序，使几个人同时产生了畏难情绪。最后，这个计划还没真正实施就流产了。

　　胡强的创业失败正好说明了一个问题，没有规划就会失败。现代社会中，无论做什么事情，只有尽早做好规划，认清自己所做的事，才能充分发挥自身的潜能，才能准确地把握人生方向，创造成功的人生。实践证明，创业也一样，在创业生涯中能够取得成功的人，往往是那些有明确的职业生涯规划的人。在创业之前，要熟悉创业所需的各种手续办理流程，以及与之相关的开销。明确相关的办理流程是明确权责、承担义务的依据，有助于充分认清自己的发展进程、事业目标，指引你在之后的创业道路上不断进步与完善。

　　熟悉开办公司所需的相关手续、办理流程，很大程度上能帮助创业者日后对企业进行管理。具体地说，包括以下五方面的内容：

（1）领表

　　申请人凭《合伙企业名称预先核准通知书》向登记机关领取《合伙企业设立登记申请书》，按表格要求填写。

　　国家工商行政管理局制作发布的《合伙企业设立登记申请书》模板如下。

合伙企业设立登记申请书

申请登记项目

　　企业名称：_____经营场所：_____

　　邮政编码：_____联系电话：_____

　　合伙人数_____人　　执行人数_____人

　　经营范围：

_____。

　　出资额及出资方式：出资额为_____万元，其中_____以货币形式，出资人民币_____万元；_____以货币形式，出资人民币_____万元。

　　从业人员数_____人

　　全体合伙人签字：

　　申请日期：_____年_____月_____日

另外，在申请登记时如部分合伙人无法出面，或不愿意出面，也可以委托其他合伙人代替，值得注意的是，委托人和被委托人双方应建立在自愿平等的基础上。有关部门以委托人出具的委托书为依据，依法审核。

合伙企业申请登记委托书的模板如下。

合伙企业申请登记委托书

委托人：

被委托人：

委托事项：向登记机关申请办理合伙企业的设立登记事宜。

被委托人更正有关材料的权限：

1.同意 □ 不同意 □ 修改任何材料；

2.同意 □ 不同意 □ 修改自备文件的文字错误；

3.同意 □ 不同意 □ 修改有关表格的填写错误；

4.其他有权更正的事项：

委托有效期限，自＿＿＿＿年＿＿＿＿月＿＿＿＿日至自＿＿＿＿年＿＿＿＿月＿＿＿＿日

被委托人身份证复印件粘贴处

（出示原件核对）

委托人签字：　　　　　　　　　　被委托人签字：

委托时间＿＿＿＿年＿＿＿＿月＿＿＿＿日

注：1.委托人是指合伙企业的投资人。

2.被委托人更正有关材料的权限：1～3项选择"同意"或"不同意"并在□中打√。

（2）提交材料

合伙企业设立登记应提交下列材料：

① 全体合伙人签署的设立登记申请书；

② 全体合伙人的身份证明；

③ 全体合伙人指定的或者共同委托的代理人的委托书；

④ 合伙协议；

⑤ 出资权属证明；

⑥ 经营场所证明；

⑦ 国务院工商行政管理部门规定提交的其他文件；

⑧ 法律、行政法规规定设立合伙企业须报经审批的，还应当提交有关批准文件。

（3）受理审查

登记机关在收齐申请人应提交的上述材料后，发给申请人《合伙企业申请

登记提交材料收据》。

企业登记机关自收到申请人应提交的全部文件之日起30日内，做出核准登记或者不予登记的决定。

设立合伙企业应当具备的条件：

① 有两个以上合伙人，合伙人为自然人的，应当具有完全民事行为能力；

② 有书面合伙协议；

③ 法律、行政法规规定的其他条件；

④ 有合伙人认缴或者实际缴付的出资；

⑤ 有合伙企业的名称和生产经营场所。

按规定，合伙企业名称中的组织形式后应当标明"普通合伙""特殊普通合伙"或者"有限合伙"字样，并符合国家有关企业名称登记管理的规定。经企业登记机关登记的合伙企业主要经营场所只能有一个，并且应当在其企业登记机关登记管辖区域内。

合伙企业名称规定和注意事项

1.一般性规定

一般由四部分依次组成：行政区划＋字号＋行业特点＋组织形式。以北京市为例，有限合伙一般注册为"北京××中心"（有限合伙），资产管理类的注册为"北京××投资中心"（有限合伙）、"北京××资产管理中心"（有限合伙）。

2.特殊规定

有以下情况之一的，还应当提交相关文件证件：

① 使用自然人姓名（该自然人应当是投资人）作为字号的，应当提交该自然人身份证复印件及其同意使用其姓名的授权（许可）文件。

② 在同一行业内申请使用相同字号的，应当由字号所有权人出具授权（许可）文件以及加盖其印章的执照复印件。

③ 使用商标中的文字作为字号的，应当提交商标所有权人出具的授权（许可）文件、商标注册证书（不能提交原件的，可以提交加盖商标注册权人印章的复印件）以及商标所有权人的资格证明（商标所有权人为经济组织的，需在资格证明上加盖经济组织公章；商标所有权人为自然人的，提交该自然人身份证复印件）。

④ 外商投资企业在名称中使用与外国（地区）投资人相同字号（英文字母）的，应当提交该外国（地区）投资人的资格证明文件。

⑤ 申请在名称中冠以企业集团名称或者简称的，应当提交《企业集团登记证》。

⑥ 分支机构办理名称预先核准的，应当提交其所从属企业的执照复印件并加盖印章。

⑦ 使用外文译音作为字号、字号有其他含义或者使用新兴行业表述用语的，应当在申请书"备注说明"栏目中做出解释说明并提交全体投资人签署的其他有关证明材料。

⑧ 国家工商总局登记管辖范围内，冠以"中国""中华""全国""国家""国际"，或在名称中间使用上述字样的，需获得国家工商行政管理总局批准，并提供工商行政管理机关对企业名称实行分级登记管理的材料。

（4）查询结果

申请人按照《合伙企业申请登记提交材料收据》的说明，查询申办结果。

（5）领照或领取合伙企业登记驳回通知书

如果合伙企业设立登记申请被核准，申请人凭《合伙企业申请登记提交材料收据》办理领取《合伙企业营业执照》手续；如果合伙企业设立登记被驳回，申请人凭《合伙企业申请登记提交材料收据》领取《合伙企业驳回通知书》。

第3章

合伙企业的管理和运营模式：要么颠覆，要么创新

　　一个企业的创新包括很多层面，业务创新、产品创新等，但管理机制的创新是最根本的，直接决定着企业的发展方向、发展速度和发展高度。越来越多的创业者在创业开始就崇尚合伙人文化，走合伙制路线，打造合伙企业；而在那些转型实施合伙制的传统企业，"老板"的概念也会逐渐淡化乃至消失。

3.1 无从上至下的层层指派：不分上下级，全民经营

合伙制的崛起，是一种区别于传统雇佣制的企业管理制度。这种制度提倡全员参与、全员经营，产生的直接结果就是企业中部门与部门、员工与员工之间的障碍彻底被打破，员工思考问题、解决问题的方式得到了解放和拓展，工作效率大大提升，企业综合竞争力增强。

3.1.1 垂直化的信息传递模式

我们都知道，传统企业中高层的一条指示、一个命令、一个决策都要经过自上而下的层层传达，个别的可集中指派，总之，有着明显的层级。这是源于传统企业中的组织结构模式：金字塔状，高层在塔尖，基层在最底层，信息从塔尖到底层要经过多道程序。

这种现象在合伙企业中得到了改善，合伙企业的组织结构是扁平的，领导并不是高高在上的，且每个合伙人都是一个中心，有自己的发言权；每个合伙人只有分工不同，没有层级高低，因此信息的传递更有效。

传统企业与合伙企业在信息传递上的区别如图3-1、图3-2所示。

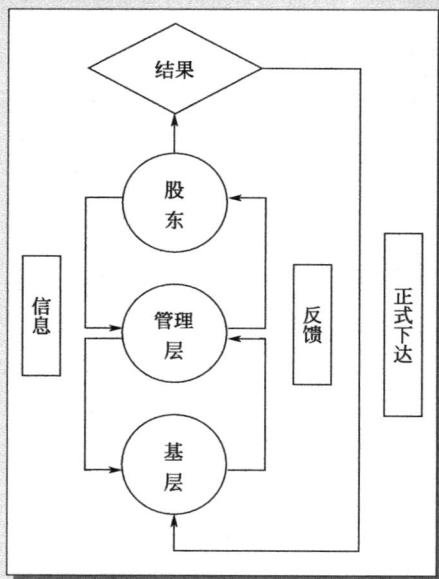

图3-1　传统企业信息运转模式　　图3-2　合伙企业信息运转模式

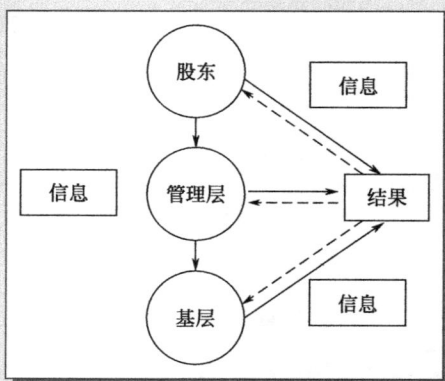

由于层级的减少，上下级之间单项命令式的管理所带来的消极作用被消除，管理成本也就下降了，在这种情况下，员工更愿意付出，因为这样的付出和自己的收益直接相关。减少层级就是扁平化管理模式的核心。

现在有很多新型互联网企业则完全采用了合伙制，实现了管理模式上的颠覆。尽管看起来有点乱，但所取得的成绩有目共睹。

案例 1

小米的迅速崛起在业界创造了一个难以逾越的神话，取得如此大的成就有很多主观和客观的因素。但其中一个不可否认的就是小米的管理模式，小米在团队管理上有很多"毁三观"的做法，雷军在组织形式革新、管理文化创新等方面也做了不少令同行惊讶的事。

例如，团队没有核心管理层，小米的管理层很少，七八个合伙人下面分别有一个主管，管理着七八个小组，然后就是普通员工。不管你在别的企业做总监还是经理，在小米都是工程师，级别都一样。

小米的管理层很少聚在一起开会，有什么事情在"米聊群"里就解决了，有的主管申请报销什么费用，只要在米聊截个图报上去就可以了。

小米对员工考核没有KPI，表现好就加薪，但不会有晋升，因为本身就没有太多的职位高低。这在传统企业看来是很不可思议的，即使在互联网企业也没有哪家不做绩效评估。

小米的组织完全是扁平化的，7个合伙人各管一摊，形成一个自主经济体。小米的组织架构基本上就三级，核心创始人一部门领导一员工，一竿子插到底地执行。它不会让团队过大，团队一旦达到一定规模就一定要拆分，变成项目制。

因为组织扁平化，在管理上就能做到极简化。从这一点来讲，小米内部完全是激活的，一切围绕市场、围绕客户价值，承担各自的任务和责任。在小米，除了7个创始人有职位，其他人没有明确的职位。在这种扁平化的组织架构下，谁也不需要考虑升职的问题，一心扑在工作上就可以了。

小米的工作效率如此之高，就是源于采用了全体参与经营的合伙制模式。整个团队没有管理层，没有过多的领导与下属，完全呈去中心化，层级简单、高效、实用。小米的做法体现了现代新兴企业管理上的一个最大特点——分散式的管理。不过，这也对管理者能力提出了更高的要求，意味着每个人要管的事情很多，因此，衍生出了电商企业没有领导胜似领导的说法，没有管理的管理是最难的。

3.1.2　服务式的管理模式

这种模式要求合伙企业的合伙人或管理人员必须具备综合的能力，尤其是服务能力，能为合伙人提供更好的平台、更优质的资源。帮助合伙人完成自己的任务，达到预期的目标。因此，在合伙企业中，不是说完全没有管理，没有管理人员，而是在管理上实现了转型，化有形为无形，化强制为柔性。

案例2

2015年年底，e代驾CEO杨家军宣布：为提高效率，公司将进行较大规模的人员优化，裁员高达20%，涉及技术和商务拓展等多个岗位，有的团队甚至近1/3的人将被裁。

e代驾为什么突然会做出裁员的决定？按照杨总的话说，"这不是企业资金，或业务上出现了什么问题，而是出于优化管理的需求。"

e代驾创立以来始终以"为客户提供有价值的服务"为宗旨，始终秉承着提供高品质的服务而赢得众多客户的信任。也正因如此，公司取得了快速发展，获得了巨额的收益，并进入一个良性循环。然而，到了2015年，O2O行业经历了疯狂的发展，市场上出现了很多类似的企业，同行竞争日益激烈。为应对这种局面，e代驾希望通过扩大规模来实现突破，大量招聘员工，据统计，仅仅从2015年年初到年底不到一年的时间员工就增加了4倍多！

随着竞争进入持久阶段，e代驾高层意识到人员激增已经成为管理上的一个失误。导致的结果就是公司组织结构出现了一定程度的臃肿，很多岗位重叠，架构层级过多。

基于此，e代驾才做出大规模裁员的决定，目的是提高公司的运营效率，回归公司的价值本质，巩固竞争的胜果。

无论是工作上还是情感上，减员增效必然带来所有员工短期内的不适应，我们也唯有像凤凰涅槃那样，将自己勇敢地投入烈火中，方能脱胎换骨获得永生。那么，合伙企业如何更好地管理团队，避免出现机构臃肿、岗位重叠的现象呢？可从以下三个方面入手：

（1）帮助合伙人认清自己

合伙企业中管理工作的重点不在管理上，更不在如何提高自身业绩上，而在于帮助合伙人认清自己。每个人在工作中都会有迷茫、困惑的时候，管理人员要起到汽车后视镜的作用，当车走在盘山道时，或需要转弯处，能为司机提供后面的路况。总之，新型的管理人员起到主宰辅助的作用，帮助合伙人看清自己，看到自己的优点，从而发挥并挖掘自身的优势；同时也能看到自己的盲点，辨清方向，以便走得更快、更稳，实现目标。

（2）激发合伙人的工作潜力

鼓励合伙人做最真实的自己，不是无条件地服从，而是自动自发，有强烈的做事意愿和动力，使其由"领导让我做"转变为"我自己要做"。心理学认为，任何人做任何事都是为了满足自己内心的深层需要，而愿景是能调动潜意识中为自己带来好处的根本动因，从而引发行动。

因此，合伙制下的管理主要任务是帮助企业系统思考、改善企业、团队及个人心智模式，制订企业的愿景。这在很大程度上可以诱发每一个合伙人的内在潜力，使其积极上进、做到更好。

（3）造就更多的"领导者"

合伙制中的领导不是来统领的——要求大家做什么、如何做，而是扮演着引领者、带动者、鼓舞者的角色，就像是啦啦队队长，时刻在后面为大家鼓劲加油，鼓舞士气。采取各种方法将每个合伙人的才能、积极性淋漓尽致地发挥出来。就如体育场上的教练能培养出更多冠军、比自己优秀的运动员一样。体育教练能帮助运动员取得赛场的金牌，而教练型领导能支持企业员工在激烈的竞争中为自己、为企业取得一枚又一枚商业金牌。

高明的管理人员是借力高手、资源整合高手。成功的中心化管理要更善于引导，善于激发每个合伙人，充分调动他们的积极性，让他们自己领导自己，自己掌控自己，展现自我，将自我价值的实现与企业目标有机地结合在一起。

3.2 无臃肿庞大的部门机构：扁平化、去中心化

现代经营管理之父法约尔曾说："上级不能越级指挥，下级不能越级请示汇报，这样的组织结构一旦确定，不可逾越。往往层级越多，信息越失真，传递效果越差，直接减弱执行力。"要想改变这些就需要在企业中实行扁平化管理，砍掉无用的工作流程，减少层级，精简臃肿的部门机构。这就是互联网时代所谓的简约原则——简约、速度、极致。

3.2.1 扁平化打乱原有的隶属关系

在企业的传统管理模式中，管理层、员工之间的关系是自上而下的管理与被管理、分配与被分配关系。企业的管理决策从上向下传达，但被动接受指令的下级会因为个人本身的理解能力、个人利益和主观动力等原因导致执行力度层层递减，最终导致经营效率的损失。同时，企业经营成果的分配完全由上级决定，并通过固定薪酬、绩效考核等一系列手段进行绩效评价和发放，在这样的形态下员工属于完全被动的状态。

而在合伙制模式中，这些关系正好与之相反，彻底颠覆。股东、管理层和基层之间的隶属关系，是以结果为导向，只要有利于最终目标的达成，就可以跳过中间环节，直接作用于结果。可以没有固定的工位，可以不用每天上班。只要有一个能够实现互联的网络，他们就能良好工作、完成工作任务。

案例3

现在的企业其实就是一个社群组织，如果你对"社群组织"没有清晰的概念，可以看看王思聪的电竞战队，他给自己的电竞战队租别墅、雇保姆、买豪车，这些团队成员因为共同的兴趣组合在一起，每位成员都热爱这份超酷的职业，并且各自具备不同职能所需要的"绝活儿"。而团队的领导者，往往是一位顶级高手，在战队里，他是被众人信服的"大神"。

案例4

一个电商团队，从买手选品、商务谈判、策划创意、文案撰写、商品页面制作、物流监控、全程客服到财务对账，全部由小组来完成，打通从商品选择到服务的全流程。

这样的小组模式就是扁平化管理的产物，十分有利于电商企业的发展。小组成员既懂商品，也懂创意和内容，还懂服务，工作效率高；由于小组的获利模式是从企业直接分红，因此，容易形成较活跃的内部成长机制。

这就是由社群组织团队的合作写照。现在很多合伙制新型企业都是这样，它们就像一支电竞战队，团队的连接和协作不再是依靠办公场地，而是主要通过某个互联网协作工具将团队成员连接，接入一个共同的工作场景之中。同时，由于有着共同的目标，共同的价值观，还能保持高度活跃，爆发强大生产力，从而产生价值观和使命感，这种使命感能够转化成强大的归属感。团队的每个成员都渴望在组织中实现自己的价值和情感归属，发挥自己的自主性和创造力。

扁平化管理其实是相对于过去金字塔状的层级式管理而言的。说起层级式管理我们都不陌生，从董事长到总经理到部门经理再到基层员工，指令从塔的顶点层层传达至基层，基层的信息层层筛选后到达决策者。这两种管理模式的比较如图3-3、图3-4所示。

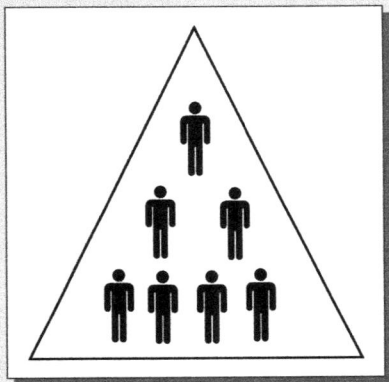

图3-3　金字塔式的上下级关系　　　　图3-4　扁平化式的上下级关系

扁平化管理极大地保证了沟通的顺畅性以及成员的创造力。这种模式的核心只有一个，即管理要简单。要少管，少制造管理行为，把事情做到极致。值得注意的是，并不是要求彻底取消谁领导谁，也不是要消除CEO的角色，而是要告别组织内部所有员工关系的性质，精简管理层次，削减烦琐的中层。

3.2.2　去中心化颠覆原有的组织模式

扁平化的管理延伸出来的是去中心化的组织模式，在合伙企业中不需要太多的部门机构，除了产品、财务等核心部门之外，全部是去中心化运作。在工作的配合衔接上，很少受部门与部门分工的限制，只要有助于提高企业的工作效率和经济利益都可以采用。

在一个传统的组织结构之下，企业不管是大还是小，大概都会分成四个模块，产品研发、销售、采购和服务。部门之间各司其职，一起来完成一个项目，但是在这种组织结构下，会出现一个问题，如果企业今年业绩做得好的话，到底是谁的功劳？想要解决就一定要细分小组的责、权、利。

去中心化的松散型组织可以避免这些问题，在这方面韩都衣舍做得就很好，我们来看看韩都衣舍是如何通过小组制激活个体的。

韩都衣舍，中国互联网品牌集团之一，凭借"款式多、更新快、性价比高"的产品理念，深得全国消费者的喜爱和信赖。其产品之所以如此受消费者认可，与其内部独特的运营理念密不可分。韩都衣舍作为典型的互联网企业，把原有的部门全部打散，变成一个个产品小组，并给每个小组制订任务，给予充分的话语权，责、权、利分明，如图3-5所示。

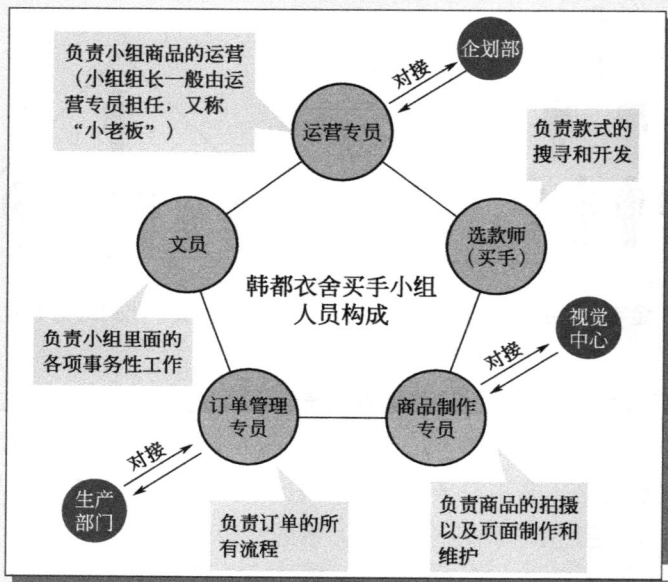

图3-5 韩都衣舍买手小组人员构成

以负责销售的小组为例，某个销售小组3个人，如果上年度卖了100万元，今年预计是300万元，公司要求的毛利是50%，那么这个小组至少需要用150万元的产品完成300万元的销售。完成这300万元的销售额就是责。

那么权是什么？即小组在卖这些产品时有什么样的权利，也叫话语权。韩都衣舍的销售小组对产品有充分的话语权，如卖什么价位，参加什么活动等，甚至设计部门设计什么款式，完全由小组自己来定。这一点很重要，销售是公司的王，消费者最喜欢什么样的款式，需要什么样的价位，销售部门最有发言权。因此，在韩都衣舍，销售产品的人成了小组的老大，一款产品可以定90元，也可以定108元，售价可以根据市场行情由自己来定。

与此同时，小组还有很多权利，如什么时候打折，打折的力度等。上架一段时间之后，觉得不好卖，小组可以自己决定打折。决策权基本上就在销售小组手里。

第三个就是利，利就是利益，收入和所得，小组有对利益的分配权。利益怎么分享？特别简单，销售额乘以毛利，再乘以提成比例。

从案例中可以看出，去中心化的组织模式其实提倡的就是要区域中心化，但又没有一个绝对的中心。打破传统企业中的部门制，实行以"小组"为单位的小组制，且每个小组权责利相对独立，每个小组就是一个中心，假如公司里面有100个小组，那么就有100个中心。这也保证了公司的资源会围绕着小组来进行服务。

合伙企业就是需要按照小组作战单元的方式达到结果。尤其是非标准环节全部由小组来完成，必要时标准化环节由公司来完成。这就使企业变成了一个公共服务平台，上面产生了自主经营体，然后培养出大批具有经营思维的产品开发和运营人员。可见，实行去中心化管理具有很多优势，主要表现在以下3个方面：

（1）有进一步的话语权

没有了层级结构，节点就处于平等的关系中，可以对现实情况自由地做出反应，而不是等待指示。没有高层领导宣布什么是至关重要，什么是无关紧要，问题的关键点就变成了"应该做什么"，而不是"谁是负责人"。所有的观点都将被听到、整合和解释，给予如此丰富的指示和信息，主要目标和关键要素变得更加清晰。

（2）工作效率更高

提高工作效率，传统结构下的成员，习惯了服从和等待领导下指令，然而在遇到危机时，可能会因为固有的层级观念而迟迟不能采取行动。在平行管理体系内的组织则允许团队成员在服从和领导的同时，可以立即对特定场合的需要做出反应。实现了工作关系的平等地位后，可以创造出一个忠实自由、宽松的环境。

（3）管理更人性化

通过平等而且点对点的方式，没有人需要被别人"授权"或者"施恩"。再也不会有人呼吁平等，因为每个人已经享有平等，可以真切地感受到平等的意义。

在传统的组织中，"头衔"和"位置"成为控制信息流向的主要障碍。不同级别的人很少能够跃级沟通，无论是向更高级别的领导提意见，还是向基层员工聆听反馈信息。

利用合伙制的管理思维将组织扁平化、去中心化、开放式协作，才是现代企业管理创新的方向。打破金字塔式的隶属关系和被条条框框限制、束缚的组织结构，从而建立一个横宽纵短的扁平化、开放式管理体系，使企业适应信息社会的高效率和快节奏，在内部有效地沟通，可以使企业具有较强的应变能力和较大的灵活性。

3.3 无繁杂低效的工作流程：精简化，效率至上

合伙制让"企业"从被动的雇佣关系转变为主动的合作关系，从一个打工者变成一位"合伙人"。由最早的制度驱动、责任驱动转变为兴趣驱动、自我实现驱动，因此工作效率就更高了。

3.3.1 简化流程、提高效率

在传统的企业中非常讲究流程，"标准化，制度化"已经深入每个工作环节。在一些生产型企业中流程化管理更为严格，任何一个细节都有着标准化的操作流程。诚然，靠流程来规范生产、管理是没错的，从价值链出发，逐层分解，建立企业的流程体系也是比较不错的选择。然而，在新型的合伙企业中，严格的、标准的流程反而限制了企业的发展。一是流程的滥用，当启用一个工作流程的时候，必须小心，防止流程中的时间和资源浪费，更要防止一些在日常工作中因为懒惰或者过于呆板而渐渐形成的非主流工作流程。二是在合伙企业中，部门、人员是相对独立的，尽管所有的工作是服务于特定的价值目标，但彼此并没有必然的紧密联系，也没有严格的先后顺序。

这与流程管理所提倡的，必须对企业组织内部的做事方式进行统一设计和安排相悖。现在，在一些比较活跃的电商企业、互联网企业中，各个环节之间看似毫无联系，但效率却十分高。正是这样看似松散，但实则是去伪存真，剪掉枝叶，保留骨干的做法，现代新兴企业才得以发展起来。

　　刘强东，一手打造了京东商城，他的管理核心只有一个：做产品的供应，只要这个供应链足够畅通无阻，团队就可以正常运转。那么，京东商城是怎样的运转流程呢？

　　具体为：前台接到订单后，系统会根据用户所在的位置估算出最短的送货路径，保证在最短的时间内让商品到达客户手中。并且自动匹配到相应的仓库，下单取货，这一过程不会有多余的流程。目前，京东在国内12个城市中可以做到上午11点前下单，晚上11点前送货到客户手中。

　　同时，京东凭借着自建的物流体系，在电子商务配送方面非常有优势。根据数据统计：京东的3C产品平均库存周转率仅为12.6天，而在国美、苏宁需要60天，其他传统百货周期更大。

　　"只做供应链""缩短供应链"是京东独占鳌头的法宝，也是传统行业转型电商最需要借鉴的地方。精简流程在合伙企业中非常重要，它对整个运营起着重要的支撑作用，这是企业自身的发展需求，也是市场的需求。

3.3.2　简单高效的四大合伙模式

　　简单、高效是合伙企业的标配，传统上认为成立一个公司需要各种审批、规划、找资金、找渠道、找项目、租办公地点等。而在互联网经济时代，创办公司再也没有那么繁杂，再也不用坐下来先做个十年规划、五年计划。现代企业的创办周期越来越短，一个公司的迭代速度非常快，规划也是越短越好，越短越有效，有个三年规划就不错了。企业没有了发展目标，没有了发展规划，这不一定是坏事。现在的公司需要的是最活跃的创意、最多的资本、最优秀的人才，有了这些，公司甚至可以在一夜之间成立起来，一年之内做到行业龙头，三年之内上市。

　　那么，如何做到这些，靠自己慢慢积累吗？不，最有效的途径就是合伙，找准合伙人就有了一切。据统计，51%的初创企业死在创业初期，90%的企业死在没找对合伙人！万科、小米、联想、伊利、新东方、西少爷……一个个真实鲜活的合伙案例已经在用事实说话。

　　可见，合伙是个很广泛的概念，且具体到实际操作中还有很多不同的做法，这也就决定了合伙企业有不同的模式。常见的合伙模式有4种，分别为众筹、外包、O2O+C2C+众筹、开放协同等。

（1）众筹合伙

众筹是一种集资方式，创业者可以通过众筹的模式将大众投资人聚集起来，这些投资人每人出一部分资金共同成立一个有限合伙企业。这样每个投资人就成为了公司的股东，并且享有公司盈利后的分红权。采用众筹方式搭建起来的企业就是有限合伙企业，众筹是这种合伙制的必然条件。众筹有限合伙企业的模式如图3-6所示。

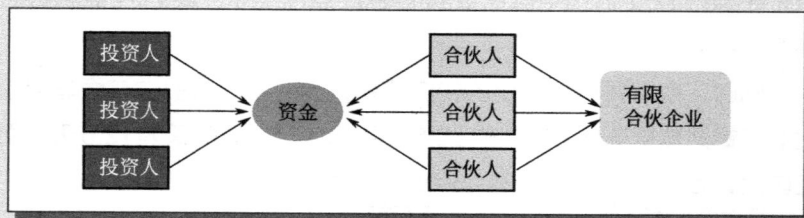

图3-6　众筹有限合伙企业的模式

这种合伙方式重在解决企业的资金问题，适合于有成熟项目、业务较大的企业。需要注意的是，在众筹过程中，股东结构一定要搭配好，不能盲目地以"钱"为重，只要能注入资金就可以成为股东。股东结构要呈现出鲜明的层次感，既要保证充裕的资金链，还要有能力支撑整个企业的中坚力量，能够为企业真正做出贡献，这部分股东通常要占到70%。

（2）外包合伙

在合伙制的模式中，还有一种方式十分具有激励性，那就是外包合伙，即以外包的形式鼓励合伙人参与。在合伙制盛行的当下，企业也可以采取这种方式，让合伙人全权负责某个项目、某个业务，从而有机会得到更多的利益。

外包合伙形式重在鼓励内部人员成为企业合伙人，类似于短期的"出租"。例如，一个大型的集团企业，要在全国各地多个城市开设连锁店，除了外部加盟外，另一种方式就是指派有能力的内部员工去全面负责某区域的市场，包括公司的经营、销售、人员招聘等，自负盈亏。总公司只授权产品的经营权，保留了所有权，靠所有权收取合伙人的利润分成。

在此种情况下，委派出去的员工就成了集团合伙人，他们以自己的劳务来换取产品的经营权。而对总公司而言，也因得到了大批精英人才而使产品遍布全国各地，被更多的消费者所认知。外包经营合伙企业的模式如图3-7所示。

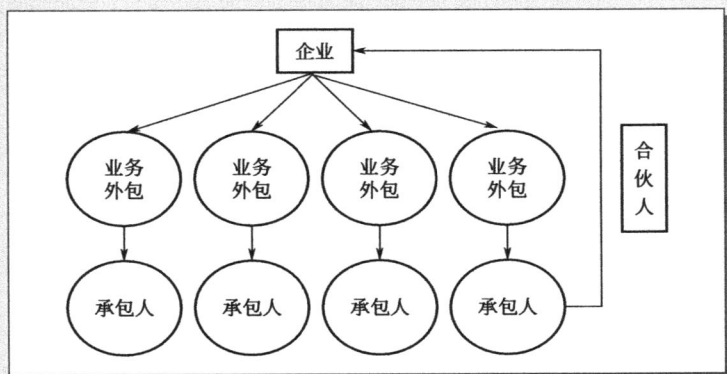

图3-7 外包经营合伙企业的模式

这种模式可以在保持企业原有所有权的前提下改善企业的经营状况。它既没有让所激励的对象（承包者）获得原有企业的所有权，同时又能维持原有的利益格局，在一定期限内通过承包合同划清企业与合伙人的收益分配关系，使激励对象有一定的经营决策权，从而激发出他的积极性，同时也能够使企业发展越来越壮大。

> **案例7**
>
> 推行外包合伙人制是拯救服装店铺，让服装外包发展壮大的一个有效方式。创立于1998年的女装品牌拉夏贝尔（La Chapelle）在这方面就是一个典型的例子。截至2016年年底，拉夏贝尔在国内已拥有近8000家直营门店。拉夏贝尔推动了全渠道变革，引领了行业从"终端为王"向"消费者为王"的转变。面对数量如此庞大的门店，拉夏贝尔是如何实现有效管理的呢？
>
> 在门店运营上，拉夏贝尔推行的就是外包合伙人制度。事实上，早在2014年年底，拉夏贝尔就开始推行这种合伙人制度，并且成效很大。外包合伙人制，有助于店长和店员从关注"销售额"指标转向关注"成本"和"利润"的指标。在考核体系上，主要是店长和店员共享店铺经营成果，这显然是一种积极有效的激励机制。拉夏贝尔推行这种外包合伙人制的目的，是让员工意识到自己是门店的经营者，提升员工的归属感，增强员工在工作上的主动性、创造性和责任感。

（3）O2O+C2C（C2B、B2C）+众筹

随着"互联网+"的发展，合伙人模式也在不断发展和创新，一种多维、立体化的合伙方式越来越受欢迎。它将线上、线下渠道全面打通，并且使合伙人、消费者和企业之间联合互动，吸引合伙人和消费者参与企业创建和管理，这种模式就是O2O+C2C（C2B、B2C）+众筹。

当然，采用这种合伙模式的企业需要在线上、线下都有足够的市场话语权。比如，线上有虚拟商城，线下有实体体验店等，以保证实体市场中有一定的号召力，以此获得消费者和粉丝的支持。

案例 8

聚拢中高端青年女性用户，建立国内人数最多、市场价值最大、最具黏性的青年女性社区法人的轻塑，就是通过O2O+C2C+众筹的方式发展起来的。

轻塑，2015年初由演员李丹妮创立的一个高端纤体果饮品牌，它避开了竞争激烈的传统渠道，选择了当时非常火热的微商渠道。且通过京东众筹平台，以众筹的方式招募合伙人，以获得资金、商业运作和策划上的支持。

轻塑团队联合京东众筹平台制订了一个"万壕计划"，欲征集1万名微商作为"天使合伙人"。在这次众筹中轻塑投入颇大，承诺将天使轮巨额融资全额回馈给"天使合伙人"，只要成功参与众筹项目，即可连续5年每年获赠价值1万元的轻塑产品，购买者1年内可以无条件全款退货，并最终通过极致产品和"品牌微商"的商业模式，在未来3～5年内实现财务自由。

此次众筹的效果达到了预期，轻塑的品牌影响力得到大大提升，同时通过互联网社交平台，营销渠道的层级大大缩短，产品和运营团队可直接面对终端消费者。同时，结合线下体验店，真正打造起一个产品展示、传播与服务的平台。

（4）开放协同

这是针对在股权、控股等方面敢于创新的一种合伙模式，目的在于建立开放协同式的新合伙制。开放协同式合伙为企业去中心化提供了动力支持，一个企业想要突破和创新，需要依靠外在的力量，而这些外在力量可以成为企业的合伙人。

　　全球最大的芯片公司英特尔就是这样做的。可以说，协同创新是英特尔打开未来市场的一把重要钥匙。英特尔想要创新和技术突破，会借助政府、赞助商、学术界、研究机构等的帮助，与其合作，不如合伙。

　　英特尔从2010年就开始调整管理机制，对协同创新模式的探索也从未停止过。英特尔不但与世界顶级学术研究机构的研究人员进行直接合作，采取了开放知识产权的方式，让英特尔公司在全球拥有了更多的"创新协同合伙人"。

　　这种开放性的做法吸引了更多开发者、投资者加入其中，成为英特尔的合伙人，这也让英特尔的产品研发变得更加活跃。深度协作创新的合伙机制是基于开放的知识产权模式，不仅让英特尔和诸多研究人员受益，也为整个行业和消费者带来了福音。

3.4　无为胜有为的领导方式：没有领导，只有教练

　　教练这个职业大家比较熟悉，练习体育的有体育教练，练习武术的有武术教练，学车的有汽车教练。教练的使命就是帮助学员达成想要的目标，在整个施教过程中既要担任教学的任务，又要把控整个过程，对过程实施全程监督，保证学员在最短的时间内完成自己的所学。

3.4.1　教练型管理

　　教练型管理者是指既会管又会教的新型复合型管理人才。合伙企业的崛起，源于其采用了一种完全区别于传统企业的运营模式，扁平化、无边界化和去中心化。我们把具有以上管理特征的思维叫作教练型思维，把采用教练型思维来管理企业、领导团队的管理者称为教练型管理者。

　　教练型管理者就是拥有教练的管理能力的人，这类管理者没有"大家长"的角色，运用管和教相结合的手段，做好合伙人的幕后扶持工作，带领团队与合伙人一起实现预期目标。因此，一个新型的领导在管理的同时，还要起到引领者、辅助者的作用，也就是我们常说的领头羊，想在前面，做在前面，与合伙人一起前进。

KakaoTalk是一款来自韩国的免费聊天软件，运营该软件的团队有500个员工，自上而下，只有CEO、部长（职能部门负责人或项目组组长）和组员三个层级，而且基层员工可以直接跟CEO沟通和汇报。以前这在韩国公司是根本不可能发生的事情，而扁平化的管理能够使信息自然地流动起来。

特别是产品部门，甚至没有固定的组织架构。通常一个项目组就是公关队，项目成立的时候，以前的组长可能因为某些特长被招聘成为组员。

而提出新产品理念的人被任命为组长，并且没有人对此有异议。组长可以变成非组长，非组长可以变成组长。去组织化，以项目组为基本单位。

这家公司的另外一个成功秘诀叫速度，快速迭代，他们秉承4-2原则，即每一个小组4个人，一个产品经理，两个程序员，一个设计师，用两个月的时间来开发某一个具体的产品，两个月之后如果没有明显的进展，小组解散。

用4-2原则来试错，公司四年期间开发了52款智能手机服务。后来有一个小组成功开发了KakaoTalk，真的仅仅用时两个月，使KakaoTalk成为韩国最大的聊天工具。

3.4.2 与传统管理的不同

教练型管理者与传统管理者的最大不同就是改变了自身的角色和职责，如图3-8所示。由单纯的一言堂管理转变为管理为辅、扶持为主的双线管理。大大提升了企业管理的效率，提升了企业的综合竞争力。不过，这也对管理者能力提出了更高的要求，没有管理的管理是最难的。因此，衍生出了现在的新型企业"没有领导胜似领导"的说法。

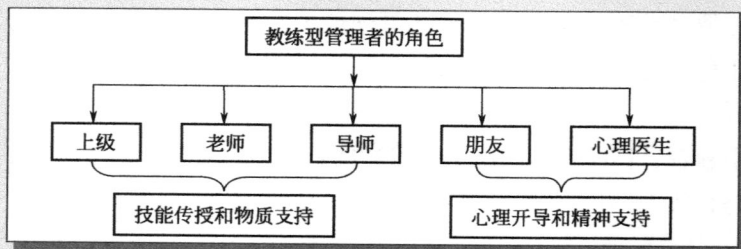

图3-8 教练型管理者的角色

现代管理者的工作重点不在管控上，而在辅助和支持上，扮演好上级、老师、导师、朋友甚至心理医生的角色。主要任务是整合企业现有的资源，打造一个好的环境，帮助下属、合伙人完成工作任务，达到预期目标，甚至要像朋友一样与他们谈心，当他们遇到困难、困惑时，能在物质上、精神上给予一定的帮助。

3.4.3 教练型管理的任务

教练型管理的任务主要体现在以下3个方面：

（1）帮助合伙人认清自己

在工作中无论谁都会有迷茫、困惑的时候，作为领导，关键是要起好引导、开导的作用。就像站在岔路口时，需要有人指引你前进的方向一样。教练型管理者就是帮助在工作中有困惑的合伙人，帮助他们时刻看清自己的现状，看到自己的优点，从而发挥并挖掘自身的优势；同时也要看到自己的缺点，辨清方向，走得更快，以便实现预期目标。

（2）激发合伙人的工作潜力

教练型领导不是要下属无条件地服从，而是要激发出自动自发的机制，激发内心做事的意愿和动力，由"领导让我做"转变为"我自己要做"。任何人做任何事都是为了满足自己内心的深层需要，而愿景能调动潜意识中为自己带来好处的根本动因，从而引发行动。因此，愿景管理能够调动每一个合伙人的积极性。

教练型领导的主要任务是帮助企业系统思考，改善企业、团队及个人心智模式，制订企业的愿景。这在很大程度上可以诱发每一个合伙人潜藏在身体里的潜力，使其积极上进、本能地想要做得更好。

（3）造就更多的领导者

教练型管理者是引导者、带动者、鼓舞者，就如体育场上的教练能培养更多比自己优秀的运动员一样。体育教练能帮助运动员取得赛场上的金牌，而教练型领导能支持企业合伙人在竞争激烈的商界中为自己、为企业取得一枚又一枚商业金牌。将每个合伙人的才能、积极性淋漓尽致地发挥出来。

正如那些成功的企业家都是借助人才高手、资源整合高手一样，成功的教练型领导更要善于引导合伙人的思维方式，充分调动合伙人的积极性，让合伙人展现自我才能，将自我价值的实现与企业目标的实现有机结合。

很多管理者尽管个人转型成功，但无法带领团队、带领企业取得好的业绩。归根结底还是对两种管理的理念认识不清，常会混淆两者的概念和职责。为了更好地认清什么是教练型管理者，有必要将两者进行详细对比，具体如表3-1所示。

表3-1 传统管理者与教练型管理者的对比

传统管理者	教练型管理者
角色： 企业的大管家，下属的主宰者	角色： 企业的掌舵人，合伙人的支持者
看问题的角度： 关注更多的是事情本身	看问题的角度： 关注的是人本身，认为无论多么完善的制度，多么完美的计划，都离不开人的执行，有了执行一切都不是空想
在具体实施方法上： 习惯下指令、给意见，依赖规章制度要求合伙人去做事，实现预期目标	在具体实施方法上： 侧重于对人的引导与支持会激发团队的每一个成员组合成为一个有机的、互补的、相互协作与支持的整体和组织，去实现工作目标
执行上： 重结果，轻过程，重视个人能力出业绩，上面制订、下面执行	执行上： 重视团队，团队决策、团队执行，常常以教练与辅导员的角色出现

3.5 和谐的上下级关系：合作、互助、携手向前

在互联网时代的新型企业中，企业与员工的地位是平等的，两者的关系不再是管理与被管理、隶属与被隶属的关系，更多的是互相合作、互相帮助，携手向前共同完成目标。作为企业的老板、领导者，必须做到贴近员工、走进员工的心里。而做好这些工作的前提就是想尽一切办法缩短与他们的距离，明确他们的想法和做法，真正地为员工利益和长远发展着想。

3.5.1 俯下身来与下属说话

作为企业的掌舵人，不能再有"高高在上"的姿态，只有真正地"俯"下身来与员工融合到一起，才能留住人才，将每个人变为企业发展的推动者、产品创新的原动力。

要实现老板与员工地位的平等关系，需要在企业内部实行扁平化运营。这是一种新型的运营模式，总体思想是打掉企业内部长期以来形成的部门墙，优

化治标不治本的管控体系，精简各种审批签字的烦琐流程。实行管理机构精简化、流程简约化。

和谐的上下级关系，是互联网时代简约思维的具体体现，有简约、迅速、极致的特点，也是互联网时代新型企业的标配。

案例11

小米的崛起和所取得的成就有目共睹，成就了互联网企业界的一段佳话。尽管它的成功有很多因素，但其中一个不可否认的因素就是小米卓越的内部运营模式——扁平化管理，在此基础上小米的内部运营还有很多"开创性"的做法。

小米没有设各种管理性部门，管理层很简单，核心管理人员就是由七个合伙人组成，各自分管不同的工作。合伙人下面就是部门主管，每个主管管理着小组，然后就是普通员工。小米的组织架构基本上就是三级，核心创始人—部门领导—员工，一竿子插到底地执行。它不会让团队过大，团队一旦达到一定规模就一定要拆分，变成项目制。

小米员工的级别也很简单，无论是总监还是经理都是工程师，级别都一样。除了7个创始人有职位，其他人都没有职位，都是工程师。在这种扁平化的组织架构下，谁也不需要考虑自己怎么能升职这些杂事，一心扑在工作上就可以了。大家是在生产优质产品这一共同信仰下去做事，而不是靠管理产生效率。

另外，小米的管理层也很少聚在一起开会，有什么事情在米聊群里就解决了，有的主管申请报销费用，只要在米聊截个图报上去就可以了。

小米对员工考核没有KPI，表现好就加薪，但不会有晋升，因为本身就没有太多的职位高低。这在传统企业看来是很不可思议的，即使在互联网公司也没有哪家不做绩效评估的。

可见，小米的组织形式是完全扁平化的，7个合伙人既是公司管理层的骨干，共同支撑着企业的发展，又分工明确，各司其职，自成一体。组织扁平化精髓就是做到了极简，可以最大限度地盘活企业的人才资源，同时降低管理成本，集中优势去做市场，满足客户需求。

3.5.2 和谐的上下级关系的作用

和谐的上下级关系对企业的发展是十分有利的，具体体现在以下三个方面：

（1）提高工作效率

扁平化是一种新的组织模式，与传统的金字塔组织模式相对。大家对金字塔组织模式都不陌生，因像金字塔而得名，塔尖是企业的老板、领导或高管、董事长、部门总监等，接下来依次是中层管理人员、基层管理人员、一线员工，金字塔组织模式如图3-9所示。

这种模式的工作思路就是，上级下达指令时需要先从塔尖传达至基层，一级一级下达；而下级向上级递送工作报告时也需要从最基层人员开始，经过层层审核、批准，最终才能到高层手中。这样做的最大劣势就是信息严重滞后，从而影响到信息的有效性和执行性，如上级制定的制度、政策无法及时下达到每个部门、每个人员，下级的意见、建议无法第一时间送达至高层等。

而扁平化组织模式则没有这些顾虑，由于高层与基层之间没有其他中间环节（见图3-10），极大地保证了信息传递和沟通的顺畅，大大提高了工作效率。这种模式的核心只有一个，即管理要简单，少管、少制造管理障碍，尽量做到直通直达。

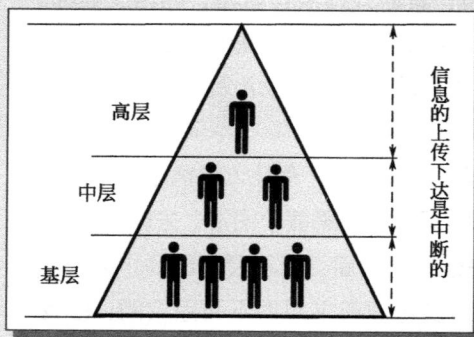

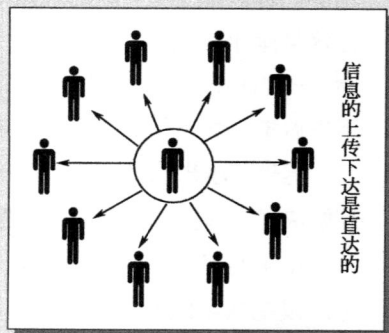

图3-9　企业内部组织金字塔式的运营模式　图3-10　企业内部组织扁平化运营模式

（2）可激发基层员工的工作积极性和创造力

前面讲到，传统（金字塔）模式下的员工执行基本靠听从上级指示，也就是说，几乎被动式地服从，而人一旦习惯了服从，习惯了被他人牵着走，就会失去自主性和创造性。体现在工作上，尤其是遇到危机时，可能会因为固有的思维而没有一点主动解决的意识，当所有的问题都需要老板来解决，也就意味着这个企业命不久矣。

而扁平化管理体系中下属有更多与高层接触的机会，在服从的同时可献计献策，共同商讨，关键时刻可对特定需要做出自己的决策和反应。这在很大程度上激发了基层员工的积极性和创造力。

提高决策效率最有效的方式就是减少层级，让组织变得扁平化。用"现代经营管理之父"法约尔的话说就是：上级不能越级指挥，下级不能越级请示汇报，这样的组织结构一旦确定，不可逾越。往往层级越多，信息越失真，传递效果越差，直接减弱执行力。

（3）交流无障碍

下级不能越级汇报，部门对自己的计划和方案保密，有特定工作或头衔的人不能随便暴露身份，基层员工无法与企业高管直接对话。这些规定正是很多企业挂在墙上的规章制度，即使没有明文规定也是隐性制度，大家你知我知，谁也不会轻易越雷池半步。一个企业应该有自己的规章制度，但是如果限制了企业的发展就不应该保留。其实，这些所谓的规则正在限制企业的发展，尤其是内部的交流与交换。

现代企业需要一个更宽松的内部环境，利用互联网的便利，开放式作业，精简式管理。以需求为核心，建立横宽纵短的短平快管理体系，使企业适应信息社会的高效率和快节奏，实现企业内部的有效沟通，使企业组织具有较强的应变能力和较大的灵活性。

值得注意的是，扁平化并不是要彻底取消管理层，也不是要消除诸如高管、CEO等核心角色，而是要精简部门层级，疏通上下级关系。

3.6　无边界的组织模式

2010年，纽约大学校长约翰·塞克斯宣布，纽约大学作为美国最大的独立研究型大学，将创建一种新的组织架构——网络大学，可允许处在全世界不同地方的教师、学生交流，实现跨地域、跨语言的虚拟授课。无论是在纽约大学网站上，还是其他平台都可以实现。

3.6.1　无边界理论

这就是我们所说的管理"无边界"，无边界理论认为，企业就像生物有机体一样，本身存在各种隔膜，这些隔膜有自身的结构，但并不妨碍食物、水、空气，或其他营养物质畅通无阻地流动。在互联网+日益发达的今天，企业同样可以打破自身的隔膜结构，向着"无边界"发展。

案例 12

某家专门以提供自动化整线包装方案及EPCM工程的企业，于1992年成立，开始仅为机械设备行业进行包装，至今已建成多条整线项目，成为一个为药品、保健品、乳品、食品、洗涤用品等行业提供服务的第一品牌。

该企业已经基本实现了"无边界"管理，如向客户发货，客户验收后还不能算是工作的结束，只有当客户利益保障部对各项指标予以认可后，才算真正履行完毕——否则评估部门会代替客户投诉。

再如，让技术人员当客户专员，因为没有参与营销工作的人无疑更适合扮演监督者的角色。技术人员一般没有机会接触客户，但他们恰恰又是最需要了解客户需求的人。现场生产是什么样子的？他们多长时间要换产？清理周期如何？清理需要用到什么工具、什么方法？如果不做专员，技术人员根本无从了解这些信息，产品的设计也就只能闭门造车。

该企业通过部门与部门、员工与员工之间的角色转换，打破了传统企业中各司其职的管理模式，从而充分挖掘了各部门、各人员的内在潜力，将企业上下都纳入一个完整的大体系中，构建起"全员参与"的管理框架。

"无边界"是企业由传统模式向电商模式转型的关键步骤。这一行为，最早是由通用电气企业总裁杰克·韦尔奇提出的，他担任通用CEO期间，十分反对旧的管理模式，提倡员工之间、部门之间、地域之间打破壁垒，相互学习，汲取思想。他经常说"你从越多的人中获取智慧，那么得到的智慧就越多，水准被提升得越高"。这种"无边界"理念，帮助通用企业管理逐渐步入正轨，使企业不断发展壮大。

得益于这一启发，后来很多企业也开始打破各部门、上下级之间的"隔膜"，实现信息、资源、构想及能量的互通，但真正达到畅通无阻的还很少，企业各部门的职能和界定仍旧存在，仍旧有位高权重的领导，有特殊职能的技术员工，有承上启下的中层管理者，对于传统企业模式这也许是个进步，但对电商企业来说还远远不够。

根据以上原理，企业要想消除"隔膜"，做到无边界管理，必须在此基础上，对边界结构进行重新界定，结合现有的资源进行革新和改良。企业的边界结构可分为垂直和水平两种。

3.6.2 垂直边界

垂直边界存在于企业组织结构内部，这种分级往往等级制度森严，层层设置，如图3-11所示。各层都界定了不同的地位、权力的上下限。其中各个职位都有明确定义，位高则权重，位低则权轻。

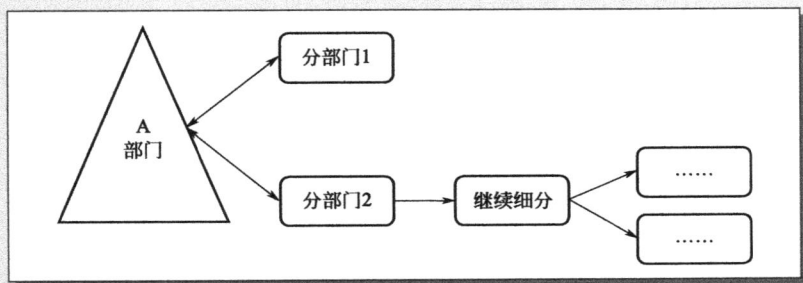

图3-11 企业中的垂直边界模式

3.6.3 水平边界

旧的水平边界存在于企业的不同职能部门、不同产品系列或经营小组之间，由于各职能部门只是按照各自的目标、进度表行事，而表现出各自为政的一种状态，如图3-12所示。这样的状态会导致部门间产生矛盾和冲突，各部门都不顾企业利益而片面夸大自己的目标，从自身专业或部门的立场来评价企业的政策。

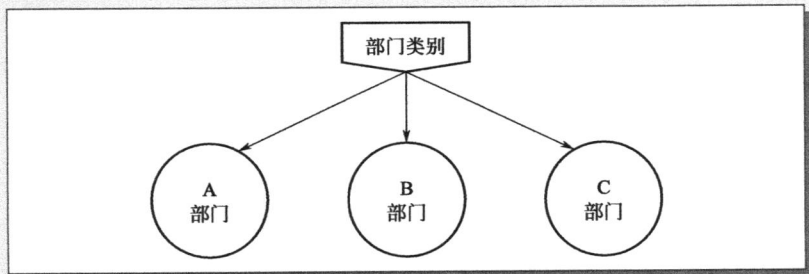

图3-12 企业中的水平边界模式

无边界组织形态是在这两种形态的基础上，突破明显的界限，趋于一体化，如图3-13所示。新的垂直边界撇开所拥有的权力与地位，职位让位于能力，以谁提出的建议更有价值为标准，只要利于企业发展的建议都会受到重视和采纳。显然，新的水平边界，则是突破部门、个人之间的工作壁垒，提高了企业各级间的可渗透性，使企业能聚集所有员工的智慧，实现更优化的决策。

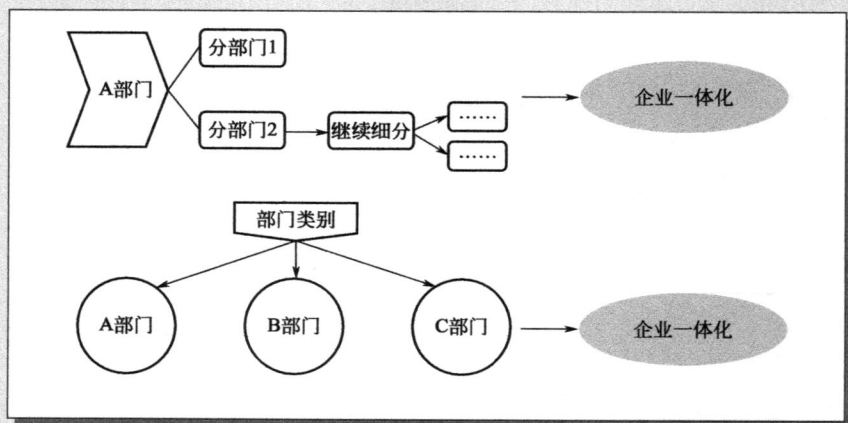

图3-13　企业无边界一体化模式

值得注意的是，无边界管理理论不是要求消除边界，而是突破部门、个人之间的工作流程、结构界限，使信息、资源顺畅流动和快速交接，从而实现被分割的职能重新融入一体。这样一来，企业作为一个整体将会更加强大，远远超过部门林立、员工各自为政的功能之和。

综上所述，无边界是以有边界为基础，并非是对所有边界的否定，其目的在于让各种边界更易于渗透扩散，更利于各项工作在组织中顺利开展和完成。

3.7　多样化的合伙模式

在中国中小企业适合"合伙人4.0"体系模式，包括以下但不仅局限于此：①连锁门店；②公司内部（新）项目或事业部；③公司高管、关键技术人员、分（子）公司关键人才；④经销商或供货商；⑤全员合伙。

3.7.1　创始人＋合伙人

创始人＋合伙人是新型创业公司最喜欢采用的一种方式，创始人是公司的发起者，是公司的实际负责人或老板。合伙人是向该公司投资的投资者，多以股东的身份出现。创始人＋合伙人的模式主要表现为：创始人公开发起合伙请求，投资者以资金、劳务、技术等予以响应，双方在自愿平等、权利与义务明确和符合相关法律、法规的基础上达成某种合伙协议。

案例 13

普华永道（Price Waterhouse Coopers Consulting，PWC）是全球最大的专业服务机构之一。它由两大国际会计师事务所——Price Waterhouse（普华）和Coopers&Lybrand（永道）合并而成，自1998年7月1日组建后，以极快的速度迅速发展成为世界最大的会计师事务所之一，在152个国家设有860余家分公司和办事处，有超过155000名的专业人才。

普华永道成立时间不长，但在管理咨询领域有不俗的表现，成为发展最快、最专业的咨询公司之一。之所以能取得如此骄人的成绩，与其成立以来实施的合伙人管理制度有很大的关系，该企业是一家典型的合伙企业，其组织结构与普通意义上的企业差异很大，主要由一些成员公司集合而成，然后在此基础上按照各自的权限自主运行。

这些成员公司的董事会成员、负责人都是普华永道的高级合伙人，共同隶属于注册于英国的普华永道国际有限公司。合伙人之间是相对独立的，主要是通过业务联系建立合作联盟关系。普华永道这种以接纳外部合伙人，借助独立公司品牌来扩展业务的合伙模式，可称为联盟合伙，也就是我们所说的创始人＋合伙人模式。

此类合伙模式多用于咨询公司和轻资产类的公司，要求公司运营不需要太大资金投入，其合伙的成员主要以人为主要竞争力，在合伙人都出钱的基础上，合伙人按照专业技能和贡献值来作价入股成为公司创始合伙人（也称原始股东）。

这样的合伙人模式是最具激励性的。一方面能激活组织战斗力，让业务发展和项目运作具有凝聚力；另一方面可以让后加盟企业的核心人员拥有经营公司的主人翁意识，也可以分享公司在业务经营收益方面的红利。

值得注意的是，该合伙模式稳定性也较差，实际上，有很多企业在采取这个模式后，因股权结构设计不合理，股权利益分配失衡而导致散伙。换句话说，如果想采用这种合伙模式必须处理好创始人与合伙人之间的股权结构设计、股权利益分配（具体参见5.2.2节）。

3.7.2 骨干员工合伙，或全员合伙

绝大多数的老板在雇用新员工时都会签订工作合同，希望双方为了共同的目标而努力奋斗。通常，那些被雇佣的人投入时间和才智，而老板投入时间、才智和金钱。但是双方并没有建立真正的伙伴关系，因为员工只能得到先前签订的合同所规定的工资，不会因为公司利润而按比例获得奖励分配。可以称呼他们为员工，但肯定不会是伙伴，因为在这种商业关系中，他们既享受不到公司成功带来的利益分配，也不用为公司的不景气负责。这种模式适用于大型的、成熟的企业，如家乐福、麦当劳等。

案例14

星巴克实施的就是一种全员合伙制，所有的员工都可以因咖啡豆股票而实实在在地享受到合伙人的权益。1991年，星巴克实现了健康的赢利水平，CEO霍华德·舒尔茨这时向董事会提出对员工实行股权奖励计划。虽然董事会有所担忧，但计划还是通过了，从这年开始，咖啡豆股票计划便面向了全体员工。与此同时，星巴克也停止使用"员工"一词，开始称呼每一个员工为"伙伴"，即使是兼职员工，在工作满6个月后，也有资格享受这个计划。

2010年11月，星巴克把这一资格的享有者扩大到了19个国家的115000名员工。这构成了整个星巴克薪酬机制的重要元素。在2012财政年度，星巴克拿出了2.14亿美元的税前收益发放给公司伙伴。

而且不管年度效益好还是不好，星巴克的领导者始终如一地贯彻这一原则，这也正是星巴克在众多企业中脱颖而出的原因。

现在很多企业也开始实行这种合伙模式，做得比较成功的就有华为。

尤其是随着"90后""00后"逐步走向社会成为创业主体，这种模式会越来越普遍。"90后"的特点是个性、叛逆、无惧权威。过去的老板＋下属的模式，让"90后"感觉低人一头。而当下都追求平等，对于大多数"90后"来说，父母尚且健壮且自己未成家立业，不需要像"70后""80后"一样"上有老下有小"为生存奋斗。所以，"90后"会因为"不爽"就离职，他们不需要老板，只需要朋友。如果是同类，谈得来，那么合伙一起干；不是同类，要是干得不开心，给多少钱都没用。所以未来的趋势，必然是全公司持股，每个员工都是老板。再过10年左右，"90后"成为主要职场人，"00后"崛起，可能只有全民持股的模式才能生存。

3.7.3　内部创业或业务外包

　　合伙人内部创业是基于在一个经营平台内，鼓励合伙人在独立的业务单元或者业务体系中进行创业的内部合伙人鼓励机制；这个机制的存在推动了"公司内部人才的创业型成长"。

案例15

　　北大纵横施行的合伙人模式，其合伙人分为两种：高级合伙人和合伙人。高级合伙人是一个荣誉称号，拥有公司股权，其他合伙人则采用的是项目合伙，这些合伙人拥有独立签单的权利。

　　即个人与咨询客户进行合约价格、条款、咨询成果等方面的洽谈，最终以公司名义签订咨询合同。同时，合伙人有权组建咨询团队，即选择项目经理、项目顾问；合伙人对项目团队的整体分配结果有决定权，对项目组内部分配方案有一定的协调权。北大纵横合伙人负责项目人员的所有人工费用、营销费用、公司办公费用，其主要义务体现在费用分摊上。

　　北大纵横合伙人更大的意义是荣誉，其并不参与公司决策，持股合伙人比例不足15%，因此，相当于利用合伙人的名衔建立专家团队或资源库，是一种"本土化"的合伙人制。

　　北大纵横所有股东放弃分红，将收益分配给项目组，以此吸引并留住人才。但基于咨询行业的特点和北大纵横的实际情况，公司并不负担合伙人任何人工成本，合伙人多为借用北大纵横的品牌独立开展业务，公司视信息来源对合伙人项目收益收取费用，最高为50%。

　　在合伙人由于利润分配、人事等问题出现争议时，若个人协商不成，可提交相关委员会，主要是财务委员会和人事委员会裁决。两个委员会都是由一名主委裁定，一般是较为资深的合伙人或顾问。如对裁决不服，可提交联席委（联席委成员主要是公司一些较为资深的合伙人），联席委裁定为最终结果。

　　除了项目收益外，基本可认为合伙人没有其他特殊激励，曾经用过的个别政策因为涉及人员少，激励很少可以忽略不计。入伙合同中虽有竞业禁止条款，但北大纵横没有做到真正的约束，一旦合伙人离开依然可在同业竞争公司中从事相关业务和工作，甚至独立成立管理咨询公司。缺少有效的激励机制，导致北大纵横新合伙人流失率较高，而竞业禁止条款的失效导致部分资深合伙人也离开公司，如何在扩大合伙人队伍规模的同时保证管理架构的稳定是实行合伙人制成功与否的关键因素之一。

在这方面做得比较优秀的企业有海尔的内部创客，芬尼克兹的内部裂变式创业，万科、碧桂园等房企的项目跟投，韩都衣舍和良品铺子等。

内部合伙人可随公司发展转做连锁分公司合伙人，分公司合伙人可持有分公司股权，负责区域范围内的经营业务。独立合伙人指的是以个人身份与公司建立长期紧密合作的关系，对双方合作所操作的项目实行公司化的操作，双方对项目收入采取按比例分成的方式。内部合伙人有个人发展意向的，双方签订独立合伙人协议后，成为公司的独立合伙人，自负盈亏，直接对公司总裁负责，双方在工作中采取平等协商的机制。

这种合伙人制度是比较有新意的一种合伙人模式，突破了合伙人浅层次的合作模式，转而深度合作，合伙人不受地域、时间、空间等多种限制，灵活度、自由度都比较高，回报率也大大提高。

第4章

合伙企业团队组建：主动出击招募合伙人

拉勾网联合创始人兼CEO鲍艾乐曾形容"像挑男人一样打造团队"，在她看来，成功就是要与最优秀的人为伍。相较于选择单个的合伙人，她更注重打造优秀的团队，因为"好的团队可以帮助进入这个团队的每个人达到自己的极致"。创业者与管理者只有不断吸引优秀的合伙人加入，才能保持团队的战斗力。而一个有战斗力的团队，是所有企业发展的必备基础。

4.1 主动出击，严格筛选

企业之所以会面临破产，最主要的原因就在于缺少一支优秀的创业团队。合伙企业尤其如此，团队更为重要。合伙，言外之意就是将所有的人才、所有的资源集合在一起，组建成坚不可摧的团队。不过，合伙企业的团队对人才的要求是有严格标准、特殊要求的。创始人必须主动出击，严格筛选。

4.1.1 主动出击，积极寻找

酒香也怕巷子深，寻找合伙人关键在于主动，要主动、主动、再主动。很多机会都是自己争取来的，而不是坐等对方来找。现在是人才少、需求大的社会，你必须把自己培养成一个社会活动家，主动寻找。

> **案例1**
>
> 小米的成功跟雷军找人的用心是分不开的，在小米成立前期，他花了大量时间去寻找合适的合伙人。企业招聘的前100名员工，雷军都亲自面试。据说面试过一位硬件工程师，这位工程师的资历很好，能力出色，但是最大的缺点就是他没有创业的决心，对小米的前景不是很看好。但雷军并没有放弃，而是和企业其他人轮番上阵，从各个角度宣讲，终于说服这位工程师加入了小米的团队，整个招聘过程持续了12个小时。正因为雷军和企业其他员工的共同努力，主动出击，才终获一员猛将。

> **案例2**
>
> 乔布斯把大约1/4的工作时间用于招募人才，他一生参与过5000多人的招聘工作，筛选出了顶尖的设计师、工程师和管理人员，成立A级小组，这个小组是乔布斯最核心的团队，为苹果企业的兴旺贡献了极大的力量。所以在找合伙人时，一定要不惜成本，包括时间、精力和金钱。

所以，要想得到理想的合伙人，必须舍得花大力气去寻找。在这个过程中，一定先想清楚自己能给合伙人多少利益，然后开出让对方满意的条件。一旦寻找到优秀的合伙人，就要果断一点、大气一点。不要吝啬，不要舍不得，因为他们带给你的可能是十倍甚至百倍的利益回报。

同时，主动出击还表现在社交上，俗话说，相请不如偶遇，有时候机会可能就在不经意间出现，所以寻找合伙人不能天天坐在办公室里等，而是要走出去，通过喝咖啡、茶会、看电影、打球之类的活动来扩大自己的交际圈，扩大自己的人脉。

其实创业者寻找到适合自己及项目的合伙人不是一朝一夕的事情，关键就是找到志同道合的人。而自己的交际圈子就是人才基础库，是寻找适合自己及项目合伙人的选择场所之一，尤其是经常见面聊天、距离很近的人。因此要珍惜每次聚会和休闲活动的机会。

4.1.2 筛选合伙人的六大标准

京东集团首席人力资源官隆雨认为，人才是成就企业的最重要条件，并提出"团队第一，产品第二"的观念。合伙企业要想得到长足的发展，首先是找对合伙人。对创始人来说，找对人是重中之重。这是最重要的，也是最基本的。纵观那些成功的合伙企业，他们都是选择了最适合自己的合伙人。

> 案例 3
>
> 马云和其他合伙人在一开始创业时，经历了无数的困难和阻碍。而真正留下来的"十八罗汉"便是马云最靠谱的合伙人，也是阿里巴巴的顶梁柱。如果当初在面对困难和阻碍时这些合伙人不够坚定、不够忠诚，那么也许就没有现在的阿里巴巴了。因此，找到一个信念坚定并且内心忠诚的合伙人十分重要。
>
> 托尼·利维坦和弗雷德·坎贝尔是Egreeting企业的创始人，同时也是Lexy网站的拥有者。他们的创业之所以会成功，源于两人有着共同的目标。两人无论是在创业项目还是发展方向上，都有极其相似的想法。因此，他们的合作彰显了拥有共同目标在合伙创业中的重要性。

成功的合伙人都有些共同特征，这些共同特征就是选择的标准。或有钱，或有技术，或有管理能力，同时更重要的是在人生观、价值观、追求以及性格、性情上保持一致，且能形成互补。

在谈到如何寻找能够契合事业发展的合伙人时，费洛迪在《合伙人》中为大家提供了一个全新的角度。他将对人才的评价标准从体力、智力、能力转变为发展潜力。也就是说，合伙人必须是复合型人才，那么，一个合格的合伙人究竟应具备什么样的素质呢？至少要具备以下6个素质：

（1）正确的价值观

价值观决定了一个人的自我认识，并直接影响着他的人生观、目标、信念，以及为人处世的方式。所以，在寻找合伙人时，应选择一个有着正确价值观，并与自己的价值观高度一致的人。

（2）共同的奋斗目标

在有着相同价值观的基础上，也要有共同的奋斗目标。目标一致，才能步调一致，共创未来。反之，就如同两人拔河，一个向左一个向右，再努力也无法达到终点。

（3）人格与人品

人格是品德、节操、境界、形象的集中反映，是一个人的综合素质、内在素养的集中表现。它有一种无形的力量在激励着一个人朝正确的方向前进，同时又约束着一个人的错误行为，避免误入歧途。因此，对人格、人品的考察，是判断一个合伙人是否合格的关键。

（4）具有一定的资金基础

如果说前三条都代表一个人的软实力的话，那资金则是硬实力。人与人合作，既要有软的交情，也要有硬的利益。在这个商业高度发达的社会，企业要发展，要尽快融入强企之林，资金是最重要的一环，是必不可少的。因此，合伙人要有一定的资金基础，能保证有真金白银投入到企业中来。

（5）有能力，能独当一面的人

与人合作，能力是硬实力之一，因此，选择合伙人不仅要看他的内在素养，还要在这些软实力的基础上考察这个人是否有能力独当一面。作为一个创业者，很难一个人独扛大旗，必须要有一个很有力气的人和你一起托起明天的太阳。合伙的意义就在于形成合力、提高效率，而不是找一个人来拖住你前进的后腿，降低整体的水平。

（6）有创业信心和面对失败的勇气

做企业必须有失败的心理准备，创业是有风险的，且必然会经历失败。正如马云所说，今天很残酷，明天更残酷，后天很美好，但绝大多数人会死在明天晚上，不会看到后天的太阳。做合伙人必须敢于承担，敢于面对，无论成功还是失败，无论遇到多少艰难挫折，都能够手挽手一起走过。

4.1.3 寻找合伙人的网络途径

在明确了找什么样的人之后，接下来就是如何找的问题了。对企业来讲，合伙人是具有深层需求的人才，这注定了创业者在寻找时必须付出更多的精力。很多创业者有项目、有想法，最后却总因找不到志同道合的合伙人而不得不放弃。其实，这个问题不仅仅是现在存在，古往今来皆如此，一个好团队的组建必然面临着难找合伙人的烦恼。

以前主要靠人脉，靠创业者自身的影响力、交际圈来吸引合伙人。然而，在如今这个时代，光有人脉是不够的，还需要充分利用社会资源，扩大范围、深层挖掘。

> 案例 4
>
> 2016年8月1日，滴滴出行宣布收购优步，创始人兼CEO程维将加入Uber全球董事会，成为首位在美国顶级科技公司担任董事的中国人。收购优步后滴滴实力大增，估值达到350亿美元，这也意味着滴滴正在逐步走入一线企业行列。
>
> 年仅33岁的程维只用了4年时间就带领滴滴取得了巨大的成就，这与他的格局、心胸、眼光、能力等不无关系。但有一点也被大家忽略了，那就是他对人才的渴望，具有像三国刘备那样招贤纳士的能力。也正因如此，才赢得众人的支持。
>
> 张博是滴滴CTO，我们来看下程维是如何将他纳入麾下的，这里引用程维自己曾说过的一段话：
>
> "我是从阿里出来的，线下的执行力是有，但是我没有技术合伙人。为了找到可能搭档的技术合伙人，真的是无所不用其极。我找了支付宝的同事，问了在江西老家开网吧的堂哥，有没有同学在北京工作。我去腾讯，去百度，约他们吃饭喝咖啡，但还是没有。
>
> 我偶然加了一个微信群，认识了现在的CTO张博。我现在相信，有些人真的跟你就是有缘。我很少对一个男人有这种感觉，就是一眼就知道，他就是你要找的那个人。"

寻找合伙人最常见的有两种方式：

（1）网上公开招聘

互联网时代，网络招聘在人才招聘中被大量应用，而且随着就业压力的增大，企业的人力资源成本不断攀升。如何节省招聘成本成为一项重要内容，而大力发展网络招聘，对于降低人才成本、扩大就业、促进企业发展具有重大意义。

通过网上公开招聘合伙人，具有成本低、范围广、时效性强、针对性强等优势。

（2）借助猎头公司

为什么要借助猎头公司，让我们来看一段传闻。北京猎头界曾盛传，Google为"挖"李开复，光给猎头公司的中介费就高达1亿多美元，创下了一个纪录。这足以反映出一个问题：企业中那些有影响力的人事变动，猎头公司在其中的作用是不可忽略的，而这充分体现了猎头行业对招聘的影响力。

借助猎头公司，是招聘高级人才常用的一种方法。因为中高级人才属于求职者中的稀缺品种，很少有跳槽者，即使有也不会轻易在人才市场露面，而是依靠猎头公司。因此，HR经理在寻求高端、精英人才时最好还是借助猎头公司，一是猎头公司对行业有比较深入的了解，二是从人才的素质到成本都能得到保证。

4.1.4　内部挖掘和培养

寻找合伙人除了外部高薪聘请外，还可以内部培养，公司中优秀的同事、有潜力的员工都可以以合伙人的身份真正主导自己的事业与未来。不过，这不太适合初创企业。从人才的成长性和忠诚度来看，内部挖掘、培养比外部招聘更可靠，这也是企业人才良性运转的重要保证。因此，很多企业都会从企业内部寻找合伙人。

> **案例5**
>
> 阿里巴巴童文红被称为"最励志"的合伙人。从公司前台干到亿万富豪的童文红，2000年进入阿里的第一个职位是公司前台，之后陆续担任集团行政、客服、人力资源等部门管理工作，现任阿里集团资深副总裁兼菜鸟首席运营官。
>
> 阿里上市后，童文红成为马云背后9位亿万富豪的女性合伙人之一。再次证明了坚持和努力比什么都重要。

内部培养不仅可以是领导对员工，上司对下属，还可以逆向操作。仍以滴滴为例，滴滴是如何获得腾讯投资的呢？

案例 6

2012年，滴滴成立不到半年，腾讯就向其抛出了橄榄枝，但是，这个时候程维非常犹豫。程维曾经是阿里巴巴的员工，拿腾讯的投资肯定会有心理障碍。而且，一旦拿到这笔战略投资就意味着过早站队，也就是要与阿里系为敌，因为当时阿里已经投资了快的。

但是，腾讯似乎是势在必得，2013年春天，腾讯投资部总经理彭志坚率先请程维吃饭进行说服。后来，一件令程维想不到的事情发生了，腾讯董事局主席马化腾在北京参加"两会"期间专程请程维吃饭。

马化腾对于年轻创业者来说是神一样的人物，这样的一个人物要请程维吃饭，难以想象。更重要的是，当时的滴滴在打车市场上太小了，一天才一两千单。不得不佩服马化腾的格局、眼光和能力。这顿饭之后，2013年4月，滴滴获得了腾讯集团1500万美元投资，程维也多了一位大哥——马化腾。

从内部寻找合伙人，就意味着需要从企业组织形式的顶层设计、权利和利益的分配原则上做出实质性的改变，与合作方从最初的隶属关系向平等共赢的关系转变。

4.2　义利并重，双管齐下

在人才的吸引上，有个永远不会过时的原则，那就是义利并重，利可以吸引人，义可以留住人。很多优秀的企业，他们不仅懂得给团队成员高额的收入，还会利用情义、道义、社会大义去感化他们，让每个人在内心深处依赖团队、喜欢团队、感恩团队。

4.2.1　重"利"之下，必有智者

合伙高端人才是稀缺品，且供需严重不匹配，也正因如此，很多企业给合伙人的薪水一路水涨船高。他们求贤若渴，愿意提供高薪，以及各种福利待遇来招揽优秀人才。从网上的一些招聘信息看，有人开出千万元年薪招聘CEO，引起一片哗然。

近几年，确实不断有信息传出合伙公司高薪招聘人才的。

合伙企业中，各个合伙人的地位都是平等的，合伙人之间的相处，也不像

传统的上下级相处那样。如果还认为"你是为我服务的""必须服从于我"那就大错特错了。合伙人所做的工作不是某个环节的补充，而是整个工作中不可缺少的组成部分。没有对等的收益，那么工作积极性和工作业绩都不会上来。所以，做合伙人的老板心一定要大，懂得取舍的道理，只有舍得下成本，合伙人才会心甘情愿地为公司付出更多、创造更多，这是一个双赢的过程。

4.2.2　用"义"将人心凝聚在一起

提到义，总能想到很多历史人物，关羽、宋江、岳飞……一个个名字如雷贯耳。也正是因为"义气"二字，他们组建了自己最具凝聚力、战斗力的团队——刘关张的铁三角；梁山好汉揭竿而起，将赵宋王朝搅得天翻地覆；岳家军，保家卫国威震四方。正是因为有了这么一群讲义气的人，在利益面前不被诱惑，在困难面前绝不低头，才做出了伟大的事业。

然而，在如今的很多企业团队中最缺失的恰恰是"义"。一个人创业也好，做合伙企业也好，都不能单枪匹马地干，有自己的团队、自己的合伙人是必要条件。这一点大部分人都已经意识到了，但如何招募合伙人，处理与合伙人之间的关系却很少有人能悟透。

合伙失败的例子比比皆是：著名的西少爷散伙事件，在线教育网站泡面吧分家事件，以及各种私募屡现的分家事件。

案例7

西少爷肉夹馍，曾是一家前途无量的新型创业公司，在互联网上做餐饮曾引发很多创业者效仿。然而，在公司刚刚走上正轨时创始团队却各奔东西。

西少爷三大合伙人，孟兵、宋鑫、罗高景是在2012年年底西安交通大学北京校友会上认识的。已在投资机构工作三年的宋鑫，有出来创业的想法，于是通过校友会的关系认识了有技术能力的孟兵等人。三人一拍即合，孟兵利用自己的职业优势，承担了企业大部分资金运作，宋鑫负责豆花配方和制作，罗高景主要负责渠道开发。

三人的合伙曾创下了合伙企业的一个奇迹，开业半天就卖出了1200个肉夹馍。火爆的销售业绩加上"互联网思维"的外衣，开业不到一周，便有投资机构主动找上门，并给出了4000万元的估值。

后来，三人在引资问题上有了分歧，尤其是孟宋之间的矛盾越来越大。很长一段时间，引入投资的事情一直僵持着。宋鑫因回西安学习豆花的制作而迟迟未归，这成为他后面出局的导火索。

"原本计划三五天就能回来的宋鑫，却花了整整11天时间在西安，但最终也没能搞定小豆花配方。"西少爷的官方声明如此写道。过长时间的学习再度引起了另外两人的不满，使得他们决定要将宋鑫除名。

后来很多人分析"学豆花"这个事只是一个导火索，关键是经营理念出现了分歧，宋鑫阻碍了公司的进程，在当时那种情况下，不能再继续合作下去了。

不久，宋鑫被要求离开西少爷。尽管之前三人在西少爷五道口店附近的咖啡馆坐下来谈了几次，但都不欢而散，最后还是分道扬镳。

"西少爷"中的几个合伙人单论的话，个个都才华横溢、天赋出众，要管理有管理才能，要做事有做事智慧，做风投有风投的胆魄，达到了很多人无法企及的高度，令不少同行羡慕，然而最终却也逃不过分家的"厄运"。为什么结合在一起反而削弱了呢？原因是多方面的，有性格方面的因素，但更与当前的大趋势有很大的关系。

当前流行的是快餐经济，一切都是利字当头，终身大事都可以闪婚闪离，更何况大家凑在一起做事呢？很多人组建一个团队，目的是"天下武功，唯快不破"，生怕脚步稍慢就错过了风口，再也飞不起来。于是恨不得今天有什么想法，明天就组建团队，后天直接约见风投要钱干起来——有些人仅仅在咖啡馆或者网上聊了几句，感觉差不多就组合在一起了。这样一来，就难免出现"萝卜快了不洗泥"的情况，最终埋下散伙的隐患。

想快并没有错，但要有足够的时间去挑选合伙人，去融合，否则真正在一起做事情时才发现彼此在经营理念上背道而驰，必然会产生隔阂，并逐渐分歧不断。

除此之外，还有很多原因：彼此观点不同，做事方式不同，利益分配不均，以及一些奇葩的理由——你抢了我的风头等。久而久之，在业界似乎形成了一个怪论：一山不容二虎，一个团队中容不下两个以上的有本事、有能力的人。

这些观念看似合理，很有道理，但是仔细分析一下，真正的原因在于他们内心对彼此的不认可、不忠诚，缺乏"义"字精神。义的前提是要有感情的互动，人心的交换，这也是团队的灵魂。

对企业来讲，搞好团队建设同样离不开"义"字精神。自古以来，中国被认为是最讲义气的民族，现如今虽然时代变了，但同样需要讲义气。做合伙企业如果没有一点"义"字精神如何与同事相处，如何管理合伙人，招揽人才？"义不负心，忠不顾死"，忠义是一个团队的灵魂，而一切忠诚是以"义"为前提的。只有相互之间有了"义"，才可能彼此忠诚；正是因为有了"义"，才能共同克服遇到的困难、存在的分歧；也正因为有"义"的存在，每颗忠诚的心才能跳动着，前进的旗帜才不会倒下。

义在而人在，义去而人散。以义而相聚，会因义气长相厮守。对合伙人有情有义，才能精诚合作；对合伙人有情有义，才能获得无私忠诚。你对我好，我对你更好，如此投桃报李，循环往复，相互之间的关系牢不可破，团队坚如磐石。由讲义气的人组成的忠诚的团队，就是一支百折不挠的力量。

因此，在团队管理中，管理者需要通过人与人之间的情感互动来加固团队成员的关系，最后达到团队的安定和"大治"。团队成员团结起来，互相沟通、互相帮助、互相学习、不存私心、放弃自我，从大局出发，朝着共同目标前进，这就是以义聚人的核心价值。

4.2.3 同甘共苦，拧成一股绳一起干

一个企业无论规模大小、实力强弱，只要企业老板能与下属并肩作战，同甘共苦，就必然能得到下属的拥护，使企业获得一种向心力、凝聚力，使下属的精神状态、工作积极性及创造力饱满膨胀。

20世纪80年代，下海大潮刚刚兴起，不少创业者开起了公司。但绝大部分公司都是一种经营模式：一个老板几个员工，简单的设施，也没什么资金、技术，几乎是一穷二白。但个别公司坚持了下来，最后靠着自身的努力，发展了起来，有的还成就了一个商业帝国。

这样的例子数不胜数。

案例 8

华为已经成为享誉海内外的电子品牌，这与其创始人任正非及其团队多年的艰苦是分不开的。1987年任正非43岁，从部队转业来到改革试验田的深圳，成为南油集团一个下属电子公司的经理。然而，他并不甘心只做池中鱼，而是一直在寻找机会准备大干一场。为此，他有时很苦恼，时常徘徊在深圳街头。令他没有想到的是，好运降临到他身上。

当时改革开放已近10年，全国的经济状况明显好转。就在这年，

政府的经济建设目标变得十分明确，提出了中国经济建设分三步走的总体战略部署，而任正非所在公司负责的产品程控交换机也正处于一个急速变革的关键时刻。

任正非在公司主要负责程控交换机推广，该产品在20世纪80年代就存在，当时的邮电部邮电科学研究院，通过六五计划、七五计划研发出了中小容量的程控交换机。但是当时这样的一些成果，要转化为产业，特别是成为商用化的设备，还有很大的距离。任正非感到进入21世纪后通信产业必将会突飞猛进地发展。

43岁拉起旗帜单干的任正非，在这个时候显示出了他的商业头脑。

1991年9月，华为租下了深圳宝安县蚝业村工业大厦三楼，最初有50多人，开始研制程控交换机。这里既是生产车间、库房，又是厨房兼卧室。十几张床挨着墙边排开，床不够，用泡沫板加床垫代替。所有人吃住都在里面，不管是领导还是下属，做得累了就睡一会儿，醒来再接着干。这是创业公司常见的景象，只不过后来在华为成为传统，被称为"床垫文化"，一直到华为漂洋过海与国外公司直接竞争的时候，华为的下属仍然打地铺，令外国企业叹为观止。

成功的企业家之所以成功靠的是什么？除了敏锐的商业天赋外，还有就是心里始终装着下属，与下属同甘共苦的意识，能够调动全体成员心往一块儿想、力往一处使的工作作风。当大家都朝着一个目标奋斗时，还有什么困难克服不了？还有什么能阻止他们？

传统企业的成功需要许多人的协助，做合伙企业更离不开团队，离不开各种人才的协助。所以，老板要讲义气，虽然职位上有高低之分，但在人格上不能高人一等，要能与下属同甘共苦。这样，下属才能尽全力做好自己的工作，自愿协助老板共创辉煌。

失败的老板，其失败的原因各有不同，但成功的老板都有一个共性，那就是能够与下属同甘苦、共患难。拥有这种工作作风未必就能够获得良好的效果，但可以肯定的是，如果不能与下属同舟共济，那么管理就必定达不到预期目的。况且，对于一个企业、一个团队来讲，下属是生存之本，是发展之源。纵观大大小小的企业，在整个发展过程中都不可避免有运气不佳之际、深处逆境之时，这时仅凭几个领导的力量是不足以应对的，必须调动起整个公司所有员工的力量。

这时，一个出色的老板应将自己定位为一个"舵手"，任务是看准方向，动员所有下属，面对困难，共同努力。假如仍端着架子，颐指气使，指使下属这样做、那样做，公司这艘"危轮"早晚会被大海淹没。

一个企业的发展壮大依靠的是老板与下属的共同努力，同舟共济，患难与共之中形成的上下级关系才是最牢固的关系。身为老板，一定要做到与下属风雨同舟、居安思危，才能使企业蒸蒸日上。

很多时候，与人共患难并不是一件难事，因为危难情况下，共渡难关、齐心协力往往是唯一选择；难的是在危难之后，苦尽甘来，仍能与下属共享成果。

综上所述，作为一名企业、团队的领导，身处逆境时应与下属共渡难关，在功成名就时也不独自居功、独享成果。这样才能在下属心目中树立威望，得到下属的爱戴。若是翻脸不认人、过河拆桥，那么势必会为下属所不齿。有谁会愿意在这种人手下做事？下属不是早早走人，也是身在曹营心在汉。

与下属同甘共苦是一种管理理念，应该融入整个管理活动中。在身处逆境时，与下属共渡难关；在身处顺境时，与下属共享成果。唯有如此，才能赢得威望，得到下属爱戴，共同开创大业。一个好的团队应该是"胜则举杯相庆，败则拼死相救"。

4.3 强化管理 事先约定

与传统企业相比，合伙企业在对合伙人的约束上比较小，合伙人的出入也相对比较自由。正因如此，合伙企业中经常因合伙人不和产生矛盾和纠纷，给企业造成巨大损失。鉴于此，创始人一方面需要完善企业制度，强化管理；另一方面要有契约精神，很多事情需要以合伙协议实现约定。

4.3.1 约定合伙人出资比例

合伙创业意味着合伙人需要共同出资，而共同出资会面临着很多问题，这些问题的处理是否得当十分重要。

其中最主要的一个问题就是出资的总数、出资的比例如何圈定。合伙出资，预设一个出资总额，几个合伙人尽量凑足这个数，当然，具体到每人出资多少要共同协商，公开透明，并以合同的形式规定下来。

出资多少，要事先预设一个总额，在这一前提下所有的合伙人尽量凑够。无论是从零开始创业，还是在原有基础上实现企业的转型，都会涉及一个出资总额的问题。也就是说，必须要估算一下需要多少资金，而且这个数要尽量客观、实际，在可控范围之内。

然后，再根据合伙人的具体情况评估一下每人能出资多少，这是后期股权分配的基础。当然，出资多少还与出资形式有关。按照规定，合伙企业的出资不仅可以以现金的形式，还可以以知识产权、土地使用权或其他财产权等非现金形式。对于非现金形式需要根据出资项目进行折算，然后折算成出资比例。

从法律层面上讲，出资的比例没有具体的规定，完全根据各方协商而定。但一定要有平衡性原则，兼顾各个合伙人的实际情况。假设三人为A、B、C，A出20万元，B出力不出资，C既出力又出资，但出资比较少，这种情况下如何分配？首先必须明确三个人中谁是初创人，假如是A，那么B、C就具备员工、股东两个身份，即B、C出资肯定相对较少，为了公平起见，这时就应当在出力方面多承担一些。

4.3.2　约定合伙人的权利与义务

合伙人的权利和义务是合伙企业的主要组成部分，是每个合伙人必须重视的内容之一。只要涉及合伙，无论是以什么样的身份，都会涉及权利和义务，自身的或他人的。因此，为了更好地规范、约束各合伙人的行为，必须将合伙人的权利与义务详细、明确、全面地约定在协议中。

总体来讲，合伙人的权利和义务各有4项，如表4-1所示。

表4-1　合伙协议中的权利与义务的内容

权利	义务
财产权	出资义务
经营权	承担事务
监督权	分担亏损
利润分配权	竞业禁止，行业机密保密

（1）合伙人的主要权利

①共有财产权　所谓共有财产权是指合伙财产归合伙人共有，而非合伙人个人所有；在合伙企业存续期间，合伙财产属于合伙企业的财产，也就是

说，属于全体合伙人的共同财产。我国《合伙企业法》明文规定，合伙企业财产由全体合伙人共同管理和使用。并规定在合伙企业进行清算前，合伙人不得请求分割合伙企业的财产，但本法另有规定的除外。在这里，所谓另有规定，就是指退伙这种情形。

> 根据《中华人民共和国合伙企业法》第二十条规定：合伙人的出资、以合伙企业名义取得的收益和依法取得的其他财产，均为合伙企业的财产。

② 合伙经营权 共同经营是合伙企业的重要特点，因此，合伙经营权是合伙人最重要的权利。具体而言，合伙经营权包括以下4项，如图4-1所示。

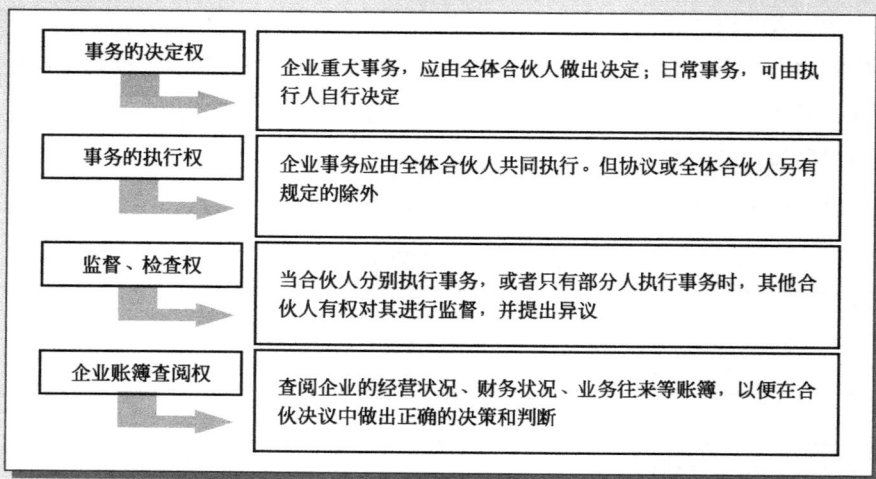

事务的决定权	企业重大事务，应由全体合伙人做出决定；日常事务，可由执行人自行决定
事务的执行权	企业事务应由全体合伙人共同执行。但协议或全体合伙人另有规定的除外
监督、检查权	当合伙人分别执行事务，或者只有部分人执行事务时，其他合伙人有权对其进行监督，并提出异议
企业账簿查阅权	查阅企业的经营状况、财务状况、业务往来等账簿，以便在合伙决议中做出正确的决策和判断

图4-1 合伙经营权的内容

③ 利润分配请求权 合伙人组成合伙企业，进行经营的目的在于获得经济利益，这是不言而喻的。因此，利润分配请求权应是合伙人最基本的权利，应当依据合伙协议中的约定行使。

（2）合伙人的主要义务

① 出资义务　出资是合伙人承担的首要义务。合伙人应以自己的合法财产及财产权利出资，并应严格按照约定的方式、数额和期限出资。否则，就要承担损害赔偿责任。另外，需要注意的是，各合伙人按照合伙合同实际缴付的出资，为其对合伙企业的出资；并且在合伙企业存续期间，合伙人不负有增加出资的义务。当然，依照合伙协议约定或全体合伙人决定，合伙人可以增加出资，用于扩大经营规模或者弥补亏损的除外。

② 承担合伙事务的义务　这既是合伙人的义务，实际上也是合伙人的权利。设立合伙业务执行人的，业务执行人应认真履行职责，按照约定向其他合伙人报告有关情况并接受监督检查。一般合伙人查阅账簿，对合伙事务进行监督、检查，共同决定合伙重大事务，这些都是履行承担合伙事务义务的形式。

③ 分担亏损的义务　共享收益、共担风险是合伙的共同特征。既然合伙人共同享有合伙企业的财产，当然也应该共同分担合伙企业的亏损。因此，合伙人有分担合伙亏损的义务，具体表现为对外的连带责任，对内按比例分担责任。

根据《中华人民共和国合伙企业法》的相关规定，合伙企业对其债务应以其全部财产进行清偿。合伙企业财产不足以清偿到期债务的，各合伙人应当承担无限连带责任。无论是个人合伙还是法人合伙，合伙人都应以自己的全部财产承担合伙债务的清偿责任。

④ 竞业禁止的义务　为了避免合伙人利用其有利地位同本合伙企业进行竞争，而给其他合伙人的利益造成损害，我国《合伙企业法》规定了合伙人的竞业禁止义务，即合伙人不得自营或者同他人合作经营与本合伙企业相竞争的业务。

4.3.3　约定新人入伙协议

在合伙经营过程中，如果有新的合伙人加入，或者需要引进新的注资，可以在对原合伙企业经营盘点审计后，由共同出资人重新签订新的协议。在新协议中，约定共同出资人的权利和义务即可。

新合伙人入伙应当符合法定条件，按规定，新合伙人入伙应当符合两个条件：一个是法定条件，另一个是非法定条件，如表4-2所示。

表4-2 新合伙人入伙的条件

法定条件：应经全体合伙人一致同意，并签订合伙协议	合伙企业是人合性的组织，各合伙人基于互相之间的信任而组成企业。每个合伙人都享有平等执行合伙事务的权利，对于企业债务，合伙人互相承担无限连带责任。一个新合伙人的加入，意味着合伙企业的原有合伙人都将对该新合伙人在合伙企业中的行为承担无限连带责任。 同时，合伙企业是在合伙人一致同意订立的合伙协议基础上建立起来的，新合伙人的入伙，使原合伙企业的合伙人发生了变化，实际上是修改了合伙协议。因此，对于是否接受一个非合伙人入伙，每一个合伙人都有决定权；任何一个合伙人拒绝其入伙的，该非合伙人就不能成为合伙企业的合伙人。正是基于合伙企业的这一特点，本条明确规定，新合伙人入伙应当经全体合伙人一致同意
非法定条件：充分尊重入伙人的意愿	合伙企业是以合伙人之间的协议为基础建立和运行的。除了法律有强制性规定的事项以外，合伙企业的所有事项都应当尊重合伙人的意思自治。合伙协议也可以对入伙事项进行约定，如约定只要1/2以上的合伙人同意，非合伙人就可以入伙，而不用全体合伙人一致同意。 这一约定实际上是合伙人自己对入伙决定权的限制，只要是合伙人的真实意思表达的，法律对此应当予以尊重。因此，本条第一款还做出了除外规定，即合伙协议如果约定新合伙人入伙不必经全体合伙人一致同意的，按照协议约定的执行

相关法律：

① 新合伙人入伙，经全体合伙人一致同意（注：依据《合伙企业法》第四十三条的规定），依法订立书面入伙协议。订立入伙协议时，原合伙人应当向新合伙人如实告知原合伙企业的经营状况和财务状况。

② 入伙的新合伙人与原合伙人享有同等权利，承担同等责任（注：也可依据《合伙企业法》第四十四条的规定约定新合伙人的其他权利和责任）。新合伙人对入伙前合伙企业的债务承担无限连带责任。

《合伙企业法》第四十三条、第四十四条具体条款如表4-3所示。

表4-3 《合伙企业法》第四十三条、第四十四条具体条款

第四十三条（本条是对新合伙人入伙条件的规定。） 新合伙人入伙，除合伙协议另有约定外，应当经全体合伙人一致同意，并依法订立书面入伙协议。 订立入伙协议时，原合伙人应当向新合伙人如实告知原合伙企业的经营状况和财务状况。 **第四十四条**（本条是对入伙的新合伙人权利义务的规定。） 入伙的新合伙人与原合伙人享有同等权利，承担同等责任。入伙协议另有约定的，从其约定。 新合伙人对入伙前合伙企业的债务承担无限连带责任。

新加入的合伙人签订协议的方式有两种：①原合伙人成为共同一方（甲方），与新加入者（乙方）签订合作协议；②所有的合伙人各为一方，即甲、乙、丙签订合作协议，具体可视情况而定。

4.4.4 约定退伙协议

在合伙企业中，原合伙人退出本是非常正常的人员流动。然而，现实中却有不少企业因这样的人员流动致使企业利益受损，有的甚至分崩离析，一蹶不振。合伙人退伙很大程度上打破了企业原有的人员结构，尤其是核心合伙人的退出，带走的可能有资金、技术，还有人才，这对任何企业来讲都是致命的伤害。

其实，真正的错不在于有人退出，而在于缺乏防御机制和应对措施，如果事先有完善的退伙机制，那么即使有人退出，也能将损失及时降到最小。这就需要在合伙之初明确建立完善的退伙制度，或签订完善的退伙协议，一旦有人退出，也便于按照章程办事。

合伙人退伙可以分为两种情况，一是自然退伙，二是法定协议退伙。

（1）自然退伙

自然退伙又有两种方式：协议退伙和通知退伙。协议退伙是指按照约定的合伙期限退伙。协议退伙需要符合几个条件：符合合伙协议约定；经全体合伙人一致同意；发生合伙人无法继续参加合伙的事由。

另外一种方式是通知退伙。是指合伙人没有按照约定的合伙期限退伙，且没有给合伙企业事务执行造成不利影响，提前一个月（或其他期限）通知其他合伙人的合伙期限退伙。

（2）法定协议退伙

法定协议退伙也有两种情况：当然退伙和被除名退伙。当然退伙一般情况如下：合伙人发生意外或者死亡；合伙人丧失偿债能力；合伙企业被吊销营业执照，或者宣告破产等；合伙人在合伙企业中的财产份额被强制执行等。

被除名退伙通常是指经过所有合伙人一致同意之后除名。往往是因为合伙人没有履行应尽的出资责任和义务；合伙人给企业造成重大损失；合伙人有不正当的行为等。

按照《合伙企业法》第四十六条至第五十条的相关规定，符合一定情形的合伙人可以退伙。同时应当提前三十日通知其他合伙人。合伙退出人违反《合伙企业法》退伙条款的，应当赔偿由此给合伙企业造成的损失。

与退伙相关的法律法规条款：《合伙企业法》的第四十六条至第五十条，具体内容如表4-4所示。

表4-4 《合伙企业法》中与退伙相关的法律法规条款

第四十六条

合伙协议未约定合伙期限的，合伙人在不给合伙企业事务执行造成不利影响的情况下，可以退伙，但应当提前三十日通知其他合伙人。

第四十七条

合伙人违反本法第四十五条、第四十六条的规定退伙的，应当赔偿由此给合伙企业造成的损失。

第四十八条

合伙人有下列情形之一的，可以退伙：

（1）作为合伙人的自然人死亡或者被依法宣告死亡；

（2）个人丧失偿债能力；

（3）作为合伙人的法人或者其他组织依法被吊销营业执照、责令关闭、撤销，或者被宣告破产；

（4）法律规定或者合伙协议约定合伙人必须具有相关资格而丧失该资格；

（5）合伙人在合伙企业中的全部财产份额被人民法院强制执行。

合伙人被依法认定为无民事行为能力人或者限制民事行为能力人的，经其他合伙人一致同意，可以依法转为有限合伙人，普通合伙企业依法转为有限合伙企业。其他合伙人未能一致同意的，该无民事行为能力或者限制民事行为能力的合伙人退伙。

退伙事由实际发生之日为退伙生效日。

第四十九条

合伙人有下列情形之一的，经其他合伙人一致同意，可以决议将其除名：

（1）未履行出资义务；

（2）因故意或者重大过失给合伙企业造成损失；

（3）执行合伙事务时有不正当行为；

（4）发生合伙协议约定的事由。

对合伙人的除名决议应当书面通知被除名人。被除名人接到除名通知之日，除名生效，被除名人退伙。

被除名人对除名决议有异议的，可以自接到除名通知之日起三十日内，向人民法院起诉。

第五十条

合伙人死亡或者被依法宣告死亡的，对该合伙人在合伙企业中的财产份额享有合法继承权的继承人，按照合伙协议的约定或者经全体合伙人一致同意，从继承开始之日起，取得该合伙企业的合伙人资格。

有下列情形之一的，合伙企业应当向合伙人的继承人退还被继承合伙人的财产份额：

（1）继承人不愿意成为合伙人；

（2）法律规定或者合伙协议约定合伙人必须具有相关资格，而该继承人未取得该资格；

（3）合伙协议约定不能成为合伙人的其他情形。

合伙人的继承人为无民事行为能力人或者限制民事行为能力人的，经全体合伙人一致同意，可以依法成为有限合伙人，普通合伙企业依法转为有限合伙企业。全体合伙人未能一致同意的，合伙企业应当将被继承合伙人的财产份额退还该继承人。

（3）退伙人的财产处置办法

根据《合伙企业法》第五十一条规定，合伙人退伙，其他合伙人应当与该退伙人按照退伙时的合伙企业财产状况进行结算，退还退伙人的财产份额。退伙人对给合伙企业造成的损失负有赔偿责任的，相应扣减其应当赔偿的数额。

合伙人退伙，双方应当进行结算，但有一种特殊情况应按照签订的合约依法分割，即合伙期间，因原、被告财物管理不规范、无正规的会计账簿、会计凭证、会计报表，在审理期间双方对对方所提供的材料均不予认可，双方当事人亦无法提供相关的补充材料，鉴定机构无法做出鉴定，依据双方提供的现有材料无法确认投资的数额及合伙期间的债务，故退伙人在合伙企业中财产份额的退还办法，有合伙约定的依照约定执行。

第5章

合伙企业利益分配：利益问题是最大的问题

　　在传统企业里，利益分配大多采用的是工资制，外加额外的奖励、福利待遇等。总体来讲，有明确标准和等级划分，多劳多得。而在合伙企业，利益的分配则比较多样化，是按投资额，或出资额，或贡献大小等综合考量后的股权分配，没有固定的标准。因此，在合伙企业中常常有因利益分配不均导致散伙的情况，利益问题是最大的问题，欲保持企业健康发展，必须处理好利益分配问题。

5.1 依法所得是合伙人的法定权利

获取收益是合伙人进行投资的主要目的，也是合伙法中明确规定的法定权利。因此，对企业创始人来讲，是否能最大限度地保证投资人的收益是决定能否合作的先决条件。而保证合伙人的收益需要了解收益的类型、收益的分配原则，什么是股权，以及如何处理好股权等多个问题。

5.1.1 合伙人收入的类型

在传统企业的分配机制中，工资是主体，分配给员工或下属的额外激励是很小的一部分（大部分则作为企业利润分配给了股东）。在这种分配机制中，真正给其他人（合伙人）的没有多少剩余。在合伙制时代，企业分配有了重大调整，合伙人收益在更有效率的分配机制中将被分成两部分，一部分是作为股东必须要获得的收益，即工资、奖金，以及其他股权的机会成本，另一部分则是承受更高风险所带来的溢价，如股票、期权等。

对合伙人而言，主要的收入来源于第二部分，股票、期权这些高风险所要求的溢价。这也是企业对合伙人的长期激励手段。工资、奖金等获得的收益，是很小的一部分，属于短期激励手段，有的甚至没有（如果没有，需要协议明确预定）。

因此通常来讲，合伙人的收入可分为两大部分，如图5-1所示，一部分是固定收入，另一部分是风险收入。固定收入可有可无，视公司的具体情况而定，风险收入属于必需收入，需要根据出资额、职位岗位以及企业经营情况等多方面综合而定。

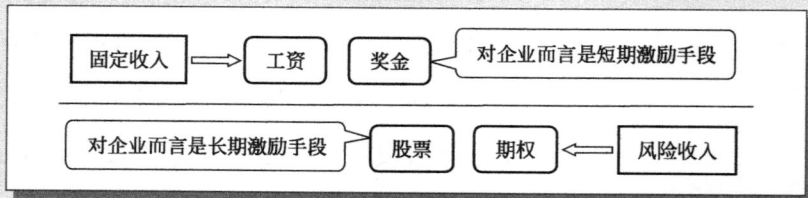

图5-1 合伙人收入的类型

5.1.2 利益分配的三大标准

多劳多得，少劳少得，不劳不得，这是利益分配的总体基本原则，这个原则适合于传统企业，也同样适合于合伙企业。不同的是，合伙企业的利益分配标准不同。那么具体如何去分配，如何制订科学合理、符合客观实际的分配标准呢？前提是在充分尊重合伙人贡献与价值的基础上，以合伙人的经营成果和实际业绩为中心，再合理地设计、计算。

（1）按照职位/岗位系数

任何利益的分配都需要先尊重合伙人的职位，在实行利益分配之初，先按照职位的不同给每个人设定利益分配系数。

职位/岗位系数划分方法

将全部职位/岗位划分一定的等级（一般职位等级越高，岗位越重要，相应的系数也越高，以保证工资要比普通员工的工资高），可以是好几个职位归到同一个等级里，同一等级岗位工资的岗位系数相同（对于比较关键的岗位、人数较多的岗位系数一般定为1，再低的可以定为1以下0以上）。

比如，总经理的重要性无人能及，分配系数为3；各部门的负责人是计划执行的领导者和实践者，还是指挥者，作用也很大，分配系数为1.5；普通员工的分配系数相同，均为1；然后用分配金额总数除以分配系数总和，用得出的数分别乘以各人的分配系数，就得出每个人应该分配到的奖金。

（2）按照所占股份的多少

在利益分配时，合伙人也要参与分配。为了让合伙人之间保持公平性，可以采取以所占股权优先的原则进行分配；同时，结合合伙人在工作中的贡献和职位的不同所设定的分配系数来进行综合计算。这样既保持了公平，又体现了差异性。

（3）兼顾对企业实际贡献的大小

对主要合伙人来说，可以按照他们各自当月的业绩占总业绩的比例进行分配。有些部门的隐形合伙人如果不参与直接管理，没有具体业绩，就按照分配系数进行分配，这样可以最大限度地保证分配的公平性，充分体现对不同合伙人所做贡献的尊重。

5.1.3 避免平均主义

在对合伙人进行利益所得分配时，需要按照一定的分配原则进行，避免平均主义。平均主义意味着什么？意味着大锅饭，意味着员工的贡献是一样的，价值是一样的。而实际上，员工的贡献与价值是一样的吗？当然不是。因此，如果采用平均主义分配利益所得，那就抹杀了员工的独特价值和贡献，会打击那些有着"我比别人优秀"想法的员工，这与合伙制的本意是相悖的。

举个简单的例子，假如某销售团队的月业绩超额部分为3万元，该团队一共有10名销售人员，那么每人得到3000元的奖励。这种分配方式看似简单公正，其实不然，要知道，这10名销售人员的能力、业绩是不同的，他们对部门当月能够超额完成业绩目标的贡献值是不一样的，因此，怎么能按照平均主义分配呢？

尤其是股权更不可平均分配，平均分配股权，就意味着每个人都有发言权，同时又都没有绝对的控制权。这也意味着，一旦发生争执，创始人之间几乎不可能达成一致意见。对于大多数创业团队而言，一旦发生无法解决的争执，很容易发生某些团队成员收拾好东西径自离开创业项目的情况，而这往往会导致本来前途明朗的创业项目瞬间分崩离析。回过头看，从古至今，专制社会有"帝王"，即使是民主时代也会选举出"总统"，可见任何团队或社会都需要一个"拿主意"的人。

案例 1

曾经被各大媒体广为报道的"真功夫股东纠纷"案，就是股东平均分配股权引起的惨案。

"真功夫"事件发生后，很多人认为是因为家族矛盾所导致的，事实上真功夫的问题不在于家族矛盾，而在于其世上最差股权结构，家族矛盾只是进一步加剧了股权结构不理想所导致的问题。

根据媒体的披露，"真功夫"两大股东各占50%的股权，即使引入私募股权投资基金后，蔡达标和潘宇海的股权比例仍然是47%对47%。股东平均分配股权最后导致股东之间不信任，并产生激烈冲突。

投资人准备向"真功夫"投资，还在努力协调纠正这种不合理的股权结构，使"真功夫"的主要贡献者蔡达标成为核心股东，但仍然没能阻挡股东纠纷剧情的急剧变化，股权变更尚未完成，蔡达标却已入狱。

世上最差股权结构是两个股东各占50%，这样的股权结构不出问题是偶然的，出问题是必然的，"真功夫"的命运，表明了股权结构对于企业发展的重要性。

所以，创始人团队中，必须有某个人"一股独大"，当然，不用大太多，多一点点，可以产生控制权即可，毕竟股权不仅与决策权、控制权有关，也与财产收益相关，多太多，在财产收益上就不一定公平了。

因此，按照平均主义分配看似平等，实则是最不平等的，会让业绩差的合伙人占到便宜，他们认为不用那么努力也能拿到丰厚的收入。同时，又让业绩好的合伙人感到不满，认为再怎么努力最后得到的也和那些不努力的人一样。如此一来，整个企业、整个团队就会消极怠工，与企业最初激励员工的初衷背道而驰。所以，无论如何，都不能平均分配利益所得。

5.2 股权，合伙人收益最核心的部分

股权激励，是企业给予经营者或合伙人一定的股权，以保证其获得相应的权利和收益的一种激励方法。目的是让经营者或合伙人能够以股东的身份参与企业决策、分享企业利润，为企业长期发展献计献策，创造价值，同时也承担相应的风险。

5.2.1 合伙重在股权要清晰

据统计，2016年我国的中、小企业平均寿命仅2.5年，集团性企业的平均寿命也仅有7～8年，且有逐步缩短的趋势。不仅企业的生命周期短，能做强做大的企业更是廖廖无几。企业做不长、做不大的根源当然很多，但核心根源只有一个：股权出了问题。

股权激励是个老话题，在以往的很多企业中都或多或少的存在。企业给合伙人股权，不仅可以激发其工作的积极性，还能让其承担一定的风险，与企业利益捆绑，与企业共同进退。合伙企业兴起之后，股权似乎成了更热门的话题，合伙必定拥有股权，而股权又是保证合伙人利益的一个重要途径。

那么什么是股权？所谓的股权，是指投资人由于向企业注入了资金而享有的权利。一般来讲，股权有两种，一个是资金股权，另一个是经营管理股权。

不同的股权，在具体的分配上又有不同的方法，具体如下。

（1）资金股权

资金股权的分配需根据投资者的类型分，一般来说，个人投资得看投资人的个人特性，机构投资则更多要有一套价值评估的系统，这些评估方法很多。

如个人投资者，投资者为什么要投这个企业，不投那个团队？最重要的一点是看重个人，其次才是项目。因此，应该首先从人的角度来对待投资资金占的股份比例的问题。比如，一个投资者的控制欲特别重，就不要去奢谈控股了，不如把精力转到如何通过扩大盘子让团队的收益增大上；如果投资者特别豪爽，或许可以获得控股权。总而言之，更多的还是尊重投资人的看法。如果真的觉得不合适，那可能选错了投资人，这时应该主动求变，选择新的投资人。

（2）经营管理股权

经营管理股权也很重要，关键是比例，只有总的比例定好了，才能考虑从每个人在团队中担任的职责和能力来评估。建议先设立一些简单的虚拟股权绩效评价系统，也就是说，在创业过程中让股东的股权随着个人绩效的变化有一定调整幅度的激励制度。

值得注意的是，这个制度是中立的，保证经营管理股权的分配比例可按照职责、岗位来定，避免按照人来随意分配。按照资金、职责、岗位、创意等角度来分配股权，尽量避免随意分配。

5.2.2　构建稳定的股权构架

无论持有哪类股权，关键在于搭建好股权架构，这是企业稳定、合伙人获得预期收益的重要保证。企业的股权架构设计关键是创始人，或者说核心合伙人的股权设计。如果做不到这点，企业的整个股权设计就没法做，而且还会留有很多隐患。像很多公司的股权战争，缘于创始人，或者说核心合伙人不清晰，比如，真功夫、乐视。因此，在设计股权结构时应该一开始就清晰、明确地提出，谁是创始人，创始人该拥有多少股权。

企业的创始人往往也是企业的CEO，在股权占比中也一定最大，至少在50%以上，其他联合创始人、合伙人的持股比要呈现出一个梯级。

在合伙企业内，股权架构一定要有明显的阶梯，创始人与联合合伙人之间的股权不要太接近，创始人要绝对控股。合伙企业最常见的股权架构如表5-1所示。

表5-1　合伙企业常见的股权架构

原始人	50% ～ 60%
联合合伙人	20% ～ 30%
期权池	10% ～ 20%

案例 2

Facebook创立时的股权分配方式就是创始人占有绝对控股权。其创始人扎克伯格占65%股权，萨维林占30%股权，莫斯科维茨占5%股权。正因如此，Facebook才能在扎克伯格的领导下快速向前发展。

国内的一个经典案例就是唯品会。2012年，唯品会在美国纽交所成功上市，且仅仅用了一年的时间，股价就翻了五倍，创造了一个新的商界传奇。唯品会的成功离不开创始人沈亚的领导。作为唯品会的董事长兼CEO，沈亚在唯品会的股权占比是最大的（占有56.5%的股份），具有绝对的控股权。

再如，前面提到的北大纵横，其合伙人分为两种：高级合伙人和合伙人。高级合伙人是一个荣誉称号，每年从业绩最高的30位合伙人中民主选举20人为高级合伙人。北大纵横的140多位合伙人中，只有不到20人持有公司股份，分别为1% ～ 20%不等。其他合伙人没有股权，主要权利就是独立签单权，即个人与咨询客户进行合约价格、条款、咨询成果等方面的洽谈，最终以公司名义签订咨询合同。同时，合伙人有权组建咨询团队，即选择项目经理、项目顾问；合伙人对项目团队的整体分配结果有决定权，对项目组内部分配方案有一定的协调权。

很显然，创始人一定要持有绝对的控股权。如果没有一个绝对控股者，企业就如同一只无头苍蝇，很容易在发展过程中失去方向，最终走向失败。当然这种控制权是有益的，其目的是保障公司有一个最终的决策者。用控制权树立创始人在团队内部的影响力和话语权也是很有帮助的。

那么，具体如何分配呢？我们先来看一下合伙企业的构成。合伙企业中通常有创始人、发起人两种重要的角色。创始人一般担任公司的CEO，发起人则是参与创业、参与企业管理的合伙人，包括COO、CTO、CPO以及其他岗位上的合伙人。

纵观近年来上市的优秀公司，就会发现在股权设置方面大体有着以下三种情况，如表5-2所示。

表5-2 股权设置方式

1	只有唯一的创始人	京东、58同城、一嗨租车等
2	一位主要创始人与一到两位联合创始人	途牛旅游、聚美优品、唯品会
3	三到四位联合创始人	兰亭集势、淘米网

这三种情况严格来说并没有什么绝对的优劣之分。前两种情况会使自己的团队走得更远，前景也会更好，原因在于这两种情况下的团队里有一个极具战略眼光的领军人物，这样更容易把大家都团结起来，一心一意地向着目标挺进。

公司在决定经营策略等方面必须有一个能迅速做出判断并下达命令的领导者，这样员工才能更迅速地去执行，有时候太过民主的决策程序会错过转瞬即逝的商机。

总之，两种角色在职务、岗位分工上都会有很大的不同，出资额、对企业的贡献也可能存在差异。因此，在设计股权分配中一定要全面评估，兼顾两者的利益，以及平衡好与其他角色的利益。

因此，通常也就形成了图5-2所示的股权结构。

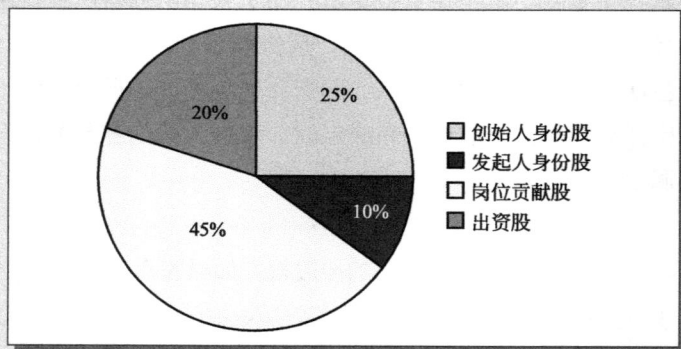

图5-2 股权分配参考模型

（1）创始人身份股

创始人身份股即合伙企业创始人持有的股份，在股权结构中必须保持创始人拥有足够份额的股份。因为创始人才是企业的实际掌控者，既是企业的创办者，也是日后发展过程中的总舵手，需要对整个企业的发展负责，有足够的资格承担责任。因此，这一类股份一般要占到整个公司股份的25%，这是个中位数，如果是超过5人的团队，至少不低于20%。

（2）发起人身份股

发起人身份股是针对发起人而言的，由于这部分人大多参与了企业的早期创建，或者就是直接创建人。因此，无论担任职务多高、出资多少，至少应获取一份平均配额的股权分配，通常在10%左右。然后，在此基础上，再根据出资额度、岗位、对公司的贡献等酌情增减。

（3）岗位贡献股

即按照能够给公司带来的贡献大小进行分配的股份。这个可分为两个部分理解，一部分是针对初创人、发起人，包括CEO、COO、CTO、CPO等，在均分原则上根据他们的职位和公司业务导向，确定各自比例；另一部分是其他外部投资人，或在企业中兼职岗位的，通常只能按照该岗位贡献率来确定。

（4）出资股

即按照出资额度进行分配的股份，这部分出资包括现金出资、渠道资源，以及可评估的出资，是创业必需的资源。这里不包括外部投资的出资，仅限于发起人。

其实，对于股权结构问题，业界并没有一个硬性的规定，或者普遍适用的方案。纵观所有的企业案例，无论是有着稳定股权架构的名企，还是历经波折散伙的失败企业，都没有一份完全相同的方案。所有的方案必须根据公司自身的具体情况，通过各个合伙人的实际情况和意愿而定。

因此，这里不讲什么方案是最合理、最科学的，重在讲解在股权分配时应该重点从哪些方面入手，应该坚持什么原则。最基本的原则就是看合伙人的能力与贡献。在过去，如果需要100万元启动资金，出资70万元的股东即便不参与创业也基本会占股70%，这几乎就是常识；现在只出钱不干活的股东，"掏大钱、占小股"已经成为惯例。过去股东分股权的核心甚至唯一依据是"出多少钱"，"钱"在股权分配中是最大变量，而现在却是"人"，人的能力和对企业贡献的大小起决定作用。

5.2.3 公平是股权分配的基础

公平分配股权的根本目的，是有效激励各个创始人，提高其参与创业的积极性，把创业项目做好、做大。股权分配不公平的初创公司，基本上很少有能成长起来的，甚至会在还只是构思准备创业的阶段，就让创始人团队分崩离析。

股权分配的公平性，取决于"创始人贡献及其市场价值是否与股东获得的股权相匹配"，这是股权分配的基础。公平是一种心理需求，既包括对自己付出和收获的感受，也包括看到他人付出和收获后的感受。确保创始人的贡献及其市场价值与股权相匹配，尽可能让创始人既满足于自己的股权比例，也不会质疑于别人的股权比例。

案例3

海底捞股权结构的调整，也证明了平均分配股权并不等于公平。现在的海底捞董事长张勇与三个朋友（后来结成两对夫妇）一开始共同开了海底捞的第一家火锅店，4个人各占25%的股份。但在海底捞步入快速发展的时候，海底捞的股权却发生了重大调整。

对海底捞的发展发挥核心作用的张勇夫妇，从另一方股东夫妇手中，以极低的价格获得了18%的股权，从而成为公司的大股东。这种股权结构的调整，正是因为海底捞的股东各方意识到，原有平均分配的股权，并不能真正反映股东的各自贡献。海底捞很幸运能以如此和平的方式解决了这一问题，但是其他初创公司不能以此为蓝本，毕竟在企业做大之后，并非每个股东都如此豁达和有远见，甘于放弃与自己贡献不匹配的股权。这就需要一开始就认识到，公平分配股权，不等于平均分配股权。

公平分配股权，不等于平均分配股权。因为各个创始人的贡献及其市场价值，很难说是完全一样的。既然每个人的贡献不一样，那么平均分配股权就是不公平的。

平均分配股权，很多时候并不是真正的公平性决策，而更多的只是人情上的妥协，也反映了各个合伙人之间不够信任。因为大家不好意思协商和量化各自的贡献，或者漫天要价而不能理性地看待各自的贡献，为了能够把团队拼凑起来，而凑合出来的一个股权结构。这种股权结构从一开始就是"凑合"，那将来必然会再次引发争执。

大部分时候，关于股权的争执，要么会让某些遭受不公的创始人正当利益受损，要么企业会被完全拖垮。那么如何避免这些问题呢？在这里需要预留四个股权，具体如图5-3所示。

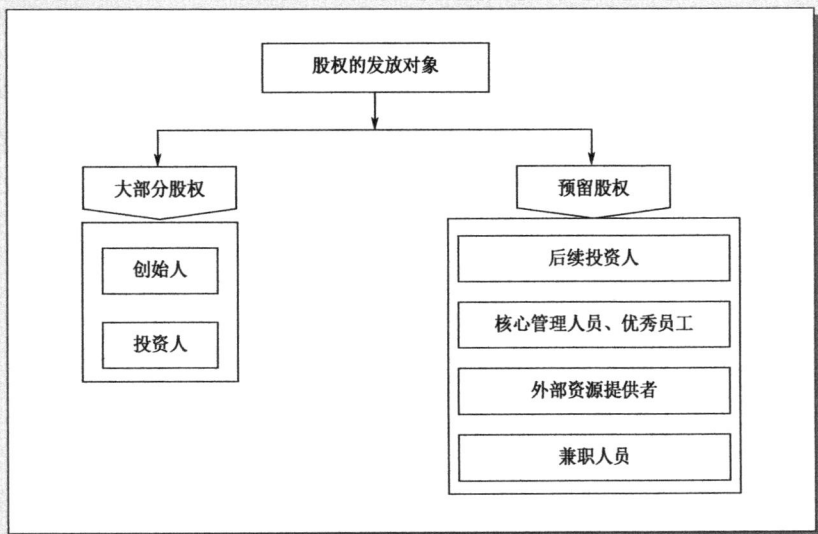

图5-3　股权分配

（1）给外部投资人留一部分股权

创业就像接力赛，需要分阶段有计划地持续招募人才，当有新合伙人加入的时候无疑需要给对方一部分股权。然而，很多创业公司将股权简单粗暴地划分为创投两个方面，如投资人投70万元，创始人投30万元，那么股权就做成了70∶30。但是随着项目的进展，或者需要更多投资人进来时，才发现已经没有了股权空间，这往往会导致优秀合伙人与后续投资机构无法进入公司。

有人可能会提出异议，可以对股权进行调整和更改，理论上是可以的，但如果真对股权架构进行调整，往往会发现难度很大，因为，届时早期投资人的股权价值已经大到了无法想象，还会涉及很多利益群体，牵一发而动全身，甚至还可能鸡飞蛋打。

（2）留给核心管理人员、员工一部分股权

股权是吸引人才的重要手段。因此，在分配股权时需要预留一定比例的股权给内部员工。然而，内部员工股权具有极大的变动性，一是源于人员的流动，二是出于业绩的需求，企业会有意调换。如有的企业会每年评比一次，并根据业绩来确定是否给予股权，这就使持股人会经常变化。

因此，企业应该有意识地预留一部分股权放入股权池，当作对核心管理人员、优秀员工的激励，这样一来，即使持股人经常变动，股权比例也相对固定，可实现对人才招募的持续激励。

（3）留给短期资源承诺者一部分股权

很多创业者在创业早期希望借助外部资源，并给早期的资源承诺者许诺过股权，把资源承诺者当成公司合伙者发放股权。值得注意的是，这部分股权的发放一定要谨慎，因为实践证明，资源入股经常面临诸多问题。

如资源的实际价值难以评估；资源的实际到位有很大变数；资源价值较低，很多只能在短期发挥阶段性的作用。对于难以估值的，或者价值低的资源没必要花大量股权去交换。对于价值高的资源，可优先考虑项目合作，利益分成，谨慎使用长期股权深度绑定。如果的确需要股权合作，也是与资源方建立链接关系，通过微股权合作，且事先约定股权兑现的前提条件。

（4）留给兼职人员一部分股权

很多企业，尤其是初创企业会有很多兼职人员，并发放大量股权。这部分兼职人员大多是行业精英，或某领域的核心人才，公司找这部分人才一是为了充分利用闲散资源，二是为了撑门面，因此往往必须予以一定的股权。

给这部分兼职人员发放股权也要多方衡量，因为兼职人员投入时间较少，也不承担创业风险。股权利益与其对创业项目的参与度、贡献度严重不匹配，性价比不高。因此，对于外部兼职人员仍是建议以微期权的模式合作，而且对期权要设定出成熟机制，避免大量发放股权。但对于已经有过长期合作，的确对公司有贡献的少数兼职人员可以考虑增发股权。

5.2.4 做好股权激励应解决的四个问题

股权激励的实施是非常讲究原则的，比如发放时间、发放数量、发放对象等，都要据实而行。不是想什么时候发放就什么时候发放，想发放多少就发放多少，想发放给谁就给谁，而是需要确定发放时间、发放对象，并认真定位和分析，然后在确定股权池比例的基础上，决定分配的数量。

这也是做股权激励需要搞清楚的四个问题，即时间、对象、数量和价格。股权激励的四个问题如表5-3所示。

表5-3　股权激励的四个问题

项目	概要	详情
发放时间	什么时候	从大的时间看，要求公司进入一个相对稳定的发展期，且利润达到一定的指标；从小的时间看，通常以半年、年甚至更长为单位。关键是要形成一个相对固定的时间点，形成示范效应

续表

项目	概要	详情
发放对象	给哪些人	合伙人，公司的中层管理人员、骨干员工及外部聘请人员
发放数量	给多少	公司的股权池在10%～30%居多，15%是个中间值。确定公司股权池之后再结合职位、贡献及公司所处的发展阶段综合考虑
发放价格	以什么价格给	定多高的价位不重要，关键是让享有者自己掏钱买，目的是让他们意识到股权的价值

（1）时间

股权该什么时候发放，这是令很多人感到迷惑的一个问题。有的企业初创期就会给合伙人股权。这种做法其实并不明智，对于公司的核心合伙人或特别优秀的人才，可以给一部分股权，但对于刚入伙的合伙人，或非合伙人层面的员工最好经过一段磨合期，过早地发放股权不仅会增加风险，更重要的是还会增加股权成本。

因此，在股权激励时需要把握好时间。一般来说，当公司的利润达到了一定的指标，公司的发展趋于稳定后，再给员工发放股权，效果会比较好。另外，还要控制发放股权的节奏与进度，为后续进入团队的人才预留股权发放的空间。

（2）对象

股权发放的对象通常包括能够参与到股权激励中来的合伙人、中高层管理人员、骨干员工及外部顾问。企业中高层管理人员、优秀骨干人员是拿股权的主要人群。对合伙人来说，一般主要拿限制性股权，不参与股权分配。但是，如果合伙人的贡献与他所持的股权非常不匹配，也可以给他增发一部分股权。

这里涉及一个全员持股的问题，如果企业想让全员持股，可以分阶段地进行，先解决第一梯队人才的股权问题，再解决第二梯队人才的股权问题，最后普及第三梯队的股权，以形成示范效应。这样既可以达到良好的激励效果，又可以控制好激励成本，何乐而不为呢？

（3）数量

一般来说，公司的股权池在10%～30%之间居多，15%是个中间值，最好不要低于这个值，假如只发放3%～5%，很可能令持股人感到无足轻重，很难起到较好的激励作用，反而可能会被认为公司只是在画大饼，舍不得真金白银。

对于优秀的或有潜力的持股人，可以加大其份额，前提是公司股权池要确定下来，然后也要综合考虑职位、贡献、薪水与公司所处的发展阶段，那么员工所得股权数也就基本确定下来了。另外，公司还可以让员工自己选择是拿"高工资＋低股权"，还是拿"低工资＋高股权"。对于企业创始人来说，当然希望员工选择后者。

（4）价格

股权是有价格的，员工拿到公司的股权，是否需要掏钱呢？答案是肯定的。那么，为什么必须掏钱呢？因为掏钱买来的股权，与免费得到的股权完全是两个概念，给持股人的心理感觉也不同。

首先，掏钱买的股权，即便掏的钱不多，员工也会很珍惜。比如我们买个东西回来和捡个东西回来，会更珍惜哪个呢？答案不言自明。

其次，为什么不用与投资人购买股权那样掏一大笔钱呢？因为，让员工掏一小部分钱，可以缓解公司的运营压力，而且也是基于员工会长期参与创业考虑的。如果员工中途"跑路"了，公司收购他的股权是合情合理的，员工也是可以接受的。因此，建议让员工按照公司股权的公平市场价值的一定折扣价取得股权。在股权激励的时候，一定要让员工意识到：股权本身是很值钱的，尽管他们只掏一小部分钱即可获得。

在这里需要提醒的是，千万不可免费发放，股权这东西说它有价值就有价值，说无价值其实也没什么价值。免费，很容易令持股人认为股权不值钱。而且在发放股权时，也一定要在合同中明确规定，一旦该员工在规定年限内中途离职，股权将被无偿收回，如此一来，便可避免公司的损失以及有可能产生的一系列矛盾纠纷。

5.3 合伙人的其他收益

企业为了激励合伙人常常会设长期激励措施和短期激励措施，这在讲合伙人收益类型一节中提到过。长期激励就是股权，短期激励就是工资、奖金、分红等。因此，在合伙人的收益体系中，除了股权收益外，常常还有很多附加收益，本节就重点阐述这些附加收益的实施办法和原则。

5.3.1 红利：企业盈利后的额外所得

红利，是当企业盈利后，合伙人根据出资比例而所得的一种收入，主要是针对拥有股份的合伙人而言。这部分合伙人除了获得股份所得的股息外，当企业盈利后，还会获得一定数额的分红，且企业效益越好，分红越多。

零售巨头沃尔玛规定，员工只要在公司工作满一年，每周工作超过20个小时，平均可以得到年薪5%的红利。但红利是先记在账上，直到人离开公司时才能获取，由于红利是以公司的股票支付，当股价飞涨，许多经理退休时都成了百万富翁，甚至许多普通员工也是如此。而这也直接形成了良性循环：员工努力工作→公司业绩好→员工获得红利多→员工更努力工作，稳定性、忠诚度、凝聚力随之更高。

分红是将企业当年的收益，在按规定提取法定公积金、公益金等项目后向股东发放的一种收益，是股东增加收入的一种重要方式。由于这部分收入与企业经营效益紧密相连，属于额外所得，所以具有一定的偶然性和波动性。因此，很多合伙企业在利益分配中没有详细规定这部分利益的分配原则、分配额度等，从而引发了一系列纠纷。

分红所得的分配原则往往不同于股权所得，因为股份和分红两者之间有很多不同之处。股份和分红的区别具体如表5-4所示。

表5-4　股份和分红的区别

股份	红利
具有一定地位，持有股份者参加股东会议，也可以得知公司深度机密的情况	只是一种激励手段，不得参与股东会议和了解公司深度机密。在公司盈利时才能得到
承担风险	不承担风险
可转让和退出	无权转让和退出

股份和分红的区别在于资产的性质，股份是固定资产，分红是不固定资产。股份是股东在投入一定本金后，在公司拥有一定地位、发言权、管理权和股票转让的权利。持有股份的股东必须参加股东会议，也有权得知公司的深度机密，同时也必须承担起公司的风险。

分红是不固定资产，是在企业创下收益后给股东的一种奖励，是企业按股票份额的一定比例支付给投资者的红利。且享受分红是有条件的，必须是在企业盈利的情况下。

分红一般有项目收益分红和岗位分红两种形式。

（1）项目收益分红

项目收益分红，是指按照具体的项目实施单独的财务管理，并按照国家统一的会计制度进行核算，反映具体项目收益分红情况。

（2）岗位分红

岗位分红即按照所处的岗位，及其岗位大小进行的分红。值得注意的是，岗位分红最好依据该岗位在最近3年的净资产增值额中的占比，具体占比要看企业的实际规定。

实施岗位分红还有一个注意事项，即某方案有效期最好不超过3年。激励方案中应当明确年度业绩考核指标，原则上各年度净利润增长率应当高于企业实施岗位分红激励近3年的平均增长水平。企业未达到年度考核要求的，应当终止激励方案的实施，再次实施岗位分红激励需重新申报。激励对象未达到年度考核要求的，应当按照约定的条款扣减、暂缓或停止分红激励。

实施分红激励时所需的支出要计入工资总额，但不受当年本单位工资总额的限制，并不纳入本单位工资总额基数，不作为企业职工教育经费、工会经费、社会保险费、补充养老及补充医疗保险费、住房公积金等的计提依据。

5.3.2　工资：激励合伙人的短期手段

在传统的雇佣企业，工资是员工所得中非常重要的一部分。然而，在合伙企业中却不是必须所得，只是作为一种短期的激励手段而存在的。因此，合伙企业中的工资具有其特殊性。如果合伙人是股东身份，享有股份股息或分红，但通常没有工资（除非协议中有特殊规定）；如果既是股东又是员工，则可领取一定工资；如果仅仅是员工的身份，则应该按照《中华人民共和国劳动法》的规定拿工资，并享有五险一金等一切待遇。

合伙人工资的相关规定如下。

国发〔2000〕16号："自2000年1月1日起，对个人独资企业和合伙企业停止征收企业所得税，其投资者的生产经营所得，比照个体工商户的生产、经营所得征收个人所得税。"

《中华人民共和国个人所得税法》中**第三条**"个人所得税的税率"：提到"合伙企业投资者、个体工商户的生产、经营所得和对企事业单位的承包经营、承租经营所得，皆适用百分之五至百分之三十五的超额累进税率（税率表见表5-5）"。

第六条"应纳税所得额的计算"提到："个体工商户的生

产、经营所得，以每一纳税年度的收入总额，减除成本、费用以及损失后的余额，为应纳税所得额。"

表5-5　个人所得税税率

级数	全年应纳税所得额	税率/%
1	不超过5000元	5
2	超过5000元至10000元的部分	10
3	超过10000元至30000元的部分	20
4	超过30000元至50000元的部分	30
5	超过50000元的部分	35

注：本表"全年应纳税所得额"是以每一纳税年度的收入总额，减除成本、费用以及损失后的余额为准。

案例5

×××律师事务所合伙人工资、报销管理规定

2007年5月20日，×××律师事务所第2次合伙人会议审议通过；2014年3月22日，第25次合伙人会议审议修订。

第一条　为明确合伙人的工资发放、费用报销数额与范围，根据《×××律师事务所章程》第十二条第（四）项和第二十六条的规定，特制订本办法。

第二条　本所合伙人实行多劳多得的分配制度，合伙人除按月承担自己的办公室费用及按投资比例承担公摊费用外，事务所可根据各合伙人的业务创收情况，决定当月工资的发放数额。

第三条　经本所决定同意的律师和工作人员的学习培训、调研考查和办理本所业务投诉案件等过程中所支出的费用，事务所应按照相关管理制度的规定予以报销，并由高级合伙人按投资比例进行承担。

第四条　合伙人个人因业务、工作需要所支出的相关费用及出差补助费用可以报销，上述费用的报销从各报销的合伙人个人业务创收中列支。

特殊情况下，经合伙人会议研究决定，合伙人的费用支出报销可以限定一定的报销比例。

第五条　合伙人发生的下列费用，应予以报销：

（一）交通费（即出租车费、长途客运费和民航客运费用）；

（二）住宿费、外出招待费和出差生活补助费；

（三）合伙人个人发生的社会保险费；

（四）通信费和邮资费；

（五）书报费、学习培训费；

（六）打字复印和查档费；

（七）办理业务过程中小型礼品的购置费用；

（八）小型交通工具的购置费；

（九）合伙人所有的机动车辆的维修费、保养费、保险费、加油费、过路过桥费和停车费；

（十）合伙人个人添置的办公设备（设施）及办公用品费用；

（十一）合伙人会议认为能够报销的其他费用。

第六条　合伙人出差补助费的报销凭注有报销人姓名（或本所名称）的住宿发票，并结合往返交通费票据确定的时间认定住宿的天数。仅有住宿发票，而没有往返交通费票据的，按每天住宿费金额300元为标准以四舍五入的方法计算出差的天数。

出差补助费的报销标准为省外每天不得超过200元，省内每天不得超过150元。

本所主任可以参照省、市人民政府公布的出差补助费的标准，结合本所的实际，以本所文件的形式适时对出差补助费的报销标准做出调整。

第七条　合伙人本人发生的下列费用可以报销：

（一）本人发生的医疗费和药品购置费；

（二）有关人身安全的商业保险费；

（三）在本市以外发生的餐饮费。

合伙人所发生的商业保险费用的报销，每年不得超过5000元。

合伙人创收额每年达不到100000元的，不得报销餐饮费；年创收在100000元以上的，按超过部分的10%计算报销比例。

第八条　合伙人自行购置的办公设施，其购置费用虽经所里报销，但财产的所有权应为购置人个人所有。

第九条 合伙人每月领取工资（包括每月基本工资）和报销支出费用后，其账面余额原则上不得为负值。

合伙人因领取工资而导致本所账面的其个人业务创收余额为负值的，该合伙人应在两个月内补足欠款。不能补足的，应从第三个月开始按《×××律师事务所工作人员借款规定》承担所欠款的利息。

第十条 合伙人结算个人收入时应缴纳的个人所得税款由该合伙人个人承担，没有及时分成或报销等发生的所得税款额由高级合伙人按创收比例承担。

合伙人应交纳的增值税、附加费和个人所得税，由本所代扣代缴。

第十一条 合伙人因不合理避税而引起的处罚款项由该合伙人自行承担，给其他合伙人造成损失的，该合伙人应向其他合伙人承担赔偿责任。

第十二条 本办法由XXX律师事务所合伙人会议负责解释。

第十三条 本办法自2007年6月1日起施行。

合伙人工资可以通过合伙人协商并订立合伙协议进行约束，相对公司而言，合伙企业的损益分配方法可以有更多的选择，如可先向合伙人支付工资，再以特定比率分摊剩余损益的分配方法。

5.3.3 奖金：丰富分配机制，增加合伙人收入

奖金，是根据合伙人个人工作努力程度分配的，是合伙人作为企业股东或员工，根据工作程度优先分配的一种合理收益。因此，合伙人在拿股权、工资的前提下，也可以根据工作的数量和质量享有一定的奖金。

例如，某生产机械设备的企业计划在2017年度销售1000万套，而线下渠道全部由三个合伙人负责，各自负责不同的区域。企业为了激励合伙人完成任务规定了一个额外的奖励，如果超额完成，超额部分将按照双倍提成奖励。

为了让这种奖励机制最大限度地发挥激励作用，管理者需要做好以下三点：

（1）设定一个合适的奖励比例

这种奖励方式最关键的是如何设定奖励基数，既不能过大也不能过小。把超额完成的业绩作为奖励的基数，一定要考虑到超额部分的生产量或销售量所产生的利润，通常来讲奖励的部分要占超出部分纯利润的50%以上。

以销售为例，假如合伙人超额完成的销售量为200万元，这200万元的销售量能带给企业的纯利润是80万元，那么，最好拿出40万元作为奖励。

（2）缩短奖励周期

一项奖励机制再合理、有效，如果迟迟不落实、不兑现，效果也会大打折扣。其实，这就涉及一个周期问题，如果设置的奖励期限是一年，那么在整个年度内几乎是没有奖励的，即使到年底奖励十几万元，然而带给被奖励人的激励动力也会随着时间慢慢弱化。假如将这十几万元在一年内分两次、四次，甚至更多次，也就是月度、半年，或季度效果则会完全不一样。

缩短奖励期限，让合伙人及时尝到获奖的甜头，激励作用就会更大。当然，在设定奖励期限时也需要结合工作特点和性质，灵活变动。例如，生产部门可以按天结算，则销售部门不可采取此方法。另外，按天结算核算成本太高，公司财务要为每位员工统计工作量，这不是一件容易的事。

（3）舍得投资，舍得下本钱

如果把超额完成的业务量作为奖励基数，并且奖励超过超额部分纯利润的50%以上，则会让很多老板感到心疼。他们通常会想：如果这部分利润不奖励，公司就会多获得利润。有这种心态的人就不适合作合伙人。其实，可以换个角度思考：如果不拿出这部分利润作为奖励，公司或许连一分钱的利润也不会多出来。

5.3.4 其他福利：给予合伙人更多的关怀

员工从雇员变为合伙人，给权利、给责任、给前景、给福利，使员工变"给老板打工"为"给自己打工"的心态投入工作。

福利是薪酬体系中非常重要的一部分，但同时也可以作为一种奖励回馈给合伙人。如果将其作为一种激励机制坚持下去，还可以获得更好的效果。有的合伙企业就采用了这种激励机制。例如，纽约的高盛公司，会用豪华轿车免费送加班太晚的员工回家；瓦拉西斯传播公司，会租车给没买车的员工；美信银行，当员工结婚时公司会给员工准备新婚礼物，包括婚礼当天的豪华轿车、新婚红包等。

当然，对于合伙人来说，福利必须"够分量"，能"深入人心"，并能体现物质满足与人性关怀的兼容性。如果习惯于采用那些传统的、常规的福利项目，不足以让人心动。下面就介绍几个适合长期激励的福利项目，有不少都是经过欧美名企验证过的。

（1）家庭型福利

所谓家庭型福利，主要是打亲情牌，如老婆生孩子，男员工可以陪产一个月，工资照发；每年组织一次或两次旅游，员工可以带上配偶、孩子、父母等；公司年会邀请员工与家属一起参加等，目的是提高忠诚度。家庭型福利还包括为家属设立慰问金。

德邦物流董事长崔维星十分重视打亲情牌，公司面向所有员工推出"亲情1+1"政策——公司与员工各出100元，按月寄给员工父母或家属，既让员工尽了孝心，又让父母督促子女好好工作。

（2）生活关怀型福利

现在很多企业发放的福利非常"另类"，几乎覆盖日常生活的各个方面，有的还会涉及细枝末节，十分迎合当下的生活现状。尤其因为符合特定人群的消费习惯和心理而备受欢迎，如"吃货券""美体SPA券"，更有"金牌月嫂券""最牛搬家公司券""操心早教券"等。"吃货券"上的解释是：在某烤鸭店、某火锅店和某比萨店任选其一。还有"金牌月嫂券""最牛搬家公司券"，分别是从指定的两三家服务公司里挑选。

（3）女性福利

女人能撑半边天，事实上在不少企业，女性的比例越来越高，扮演的角色也越来越重要。因此，如何讨好女员工成了老板的必修课。这里就推荐一项通杀所有女性的福利——下午茶。某时尚公司的女性员工占很大比例，老板也是女性，她每天都为员工准备丰盛的下午茶，缤纷的西点、新鲜的水果、香甜的花草茶……连茶具、餐具都搭配得十分精致，深得女性员工的欢心，连男性员工都难以抗拒。一位该公司的女员工入职已经5年多，她笑称每天的下午茶是她一天工作的动力源泉，因为可以补充能量，改善自己的精神状态，从而大大提高了工作效率。

（4）特殊福利

特殊福利是针对特殊人群的一种福利。谷歌公司推出了一项福利制度："死亡福利"。该福利规定：如果员工不幸去世，其配偶、未成年子女可分别享受其长达10年的50%薪水报酬，以及数额不等的生活补贴。事实上，谷歌一直都很重视员工的福利，业界也早有耳闻。免费美食、现场洗衣服、户外运动中心等福利政策，都曾引起人们的热议。而谷歌推出的这项"死亡福利"，更是创意十足，充满了人性关怀。

事实上，在我们国家有些企业也有"死亡福利"，如员工家里有丧事时，公司会给员工一些丧礼费，以表达慰问之情；或者给予一定时间的休假，方便员工料理丧事。对于谷歌的"死亡福利"，可以适当借鉴，或在其基础上发挥创造性，制订更适合员工的福利项目。

5.3.5　潜在收入：用未来的筹码换取今天的回报

潜在收入也是一种福利，只不过主要局限在一些效益比较好的企业中，而且也与企业领导层面的个人意愿有关。这种潜在收入多为按揭式的，如期权企业配房、配车等给合伙人使用，并在一定期限后就会归所有人拥有。即企业为了激励合伙人、留住合伙人而采取的一个时间跨度更长、数额更大的奖励，通常是先许诺对方一个奖励，然后分期兑现。

期权和股权的区别

期权也是一种股权，但只限于一种承诺，并不可直接拥有。持股人符合一定条件后，如经历成熟期与行权后才可变成股权，通常适用于参与感和心理安全感较低，或非核心团队的员工。

股权是一开始就给合伙人，通常适用于参与感和心理安全感较高的员工，或创业合伙人（创始人与联合创始人）。

股权是先发，如果发现不合适可以再收回；期权是股权先不给，等符合条件后再给。简而言之，前者类似于先领证结婚，再谈恋爱，发现不合适再离；后者类似于是先恋爱，再结婚。

这些潜在的收入，与我们按揭贷款买房、买车类似，只不过是由公司先行承担，合伙人用自己的劳动逐步补偿。其实，这是狭义上的定义，广义上泛指任何形式的质押（质押是动产的抵押）和抵押，这里的"按揭式奖励"就是广义上的意义。为促使合伙人在自己的领域充分发挥自身的价值、为企业创造利润，在利用按揭式奖励方式时还需要注意以下两点：

（1）结合自身的还款能力，设定合理的"还款期"

给予对方奖励时，企业一定要充分考虑"值不值"，无论企业是许诺买车、买房，还是其他，都要准确估算合伙人在这个期限内能给公司创造多大的价值。因为涉及公司的成本与资金问题，因此一定要结合对方创造价值的能力，且要明确规定界满期限，3年、5年，还是10年，切不可信口开河、妄下承诺。

另外，在设定期限时要尽量有诱惑性，或者说能够让员工看到目标近在眼前。例如，可将总体目标划分成小目标，按照小目标再设定另一个期限。如承诺提供住房问题，但一定要为公司效力10年以上，这时可将10年分为两个5年的期限，即在企业中服务的第一个5年，公司承担房子的首付，第二个5年，承担房子的贷款，也就是说，满10年才能免费获得一套住房。如果满5年而不满10年，公司则只付首付，不承担剩余的贷款。

由此可知，许诺一个长期目标不如许诺多个短期的、较小的目标，这样对企业来说风险性也会小一点儿，对员工的激励性也更强烈一点儿。要知道让人苦苦等待10年才能满足一个愿望，很多人可能没有这样的耐心。而且随着现在各种机会的增多，跳槽的频率也越来越大，10年的期限对于高端人才来说太久了。如果努力5年就可以实现目标，则会让员工觉得希望就在眼前，浑身充满干劲。

（2）承诺许下后一定要兑现

推行按揭式奖励机制的最大难度是"兑现"，由于受到时间和企业盈利状态的影响，公司的承诺到最后往往会变成一纸空文。这不仅损害了公司的信誉，也将直接导致人才的流失，久而久之，恶性循环，公司的未来也可想而知。因此，一旦设立了这种机制，在达到期限后，就要及时兑现。

有些公司在成立之初为了招到优秀的人才，而设定了这样的奖励机制，可是到了要兑现承诺时却找出各种各样的理由搪塞，只兑现部分或完全不兑现，这么做的后果自然就是对簿公堂，两败俱伤。

某老板招聘一名优秀员工时，为了说服对方加盟，便许诺对方只要工作满两年，第三年年薪不低于50万元（前两年年薪20万元）。因此该员工决定加入企业。然而，第三年年底，公司并未兑现"年薪50万元"的许诺，理由是公司效益不好。当员工表达不满时，老板却指责员工工作业绩不够优秀，配不上50万元的年薪。员工一气之下，拿着当初签订的合同将公司告上法庭，最终公司败诉，不但赔了钱，声誉也大损。

用未来的筹码换取合伙人今天的付出，这就是按揭式分配的精髓。尽管是个承诺，但不是儿戏。在做出承诺时一定要深思熟虑，深入评估合伙人的价值，全面分析合伙人创造价值的能力，以及该项承诺与其价值的匹配度。一旦做出了承诺，就必须兑现，这是最起码的诚信问题，也是公司今后激励人才、留住人才的关键。

第6章

合伙人相处之道：诚信、信任、包容和担当

　　合伙人之间观念、理念、认知的不同，是合伙企业散伙的关键原因。合伙企业创始人不仅要懂得经营管理，更要懂得人与人相处的艺术。合伙人之间的关系，既不是上下级关系，也不是同事关系，而是需要更多的诚信、信任、包容和担当。合伙赚钱，诚意当先，以诚相待，求大同，存小异，有原则，善沟通。

6.1　诚信：合伙的基础

合伙人之间如果没有了诚信，相互之间的合作就失去了基础，更不用谈企业将来的发展了。合伙人之间一旦失信，大量的时间、精力就会浪费在不必要的人际纷争上，团队没有了凝聚力，何言战斗力？更重要的是，企业的整个管理也会陷入混乱，尤其是在一些关键性的问题上。例如，在股权分配问题上无法进行良性运转，一方藏着掖着、肆意打压，一方斤斤计较、不依不饶，如此一来，企业离散伙也就不远了。

诚信是合伙的基础，合伙企业本来就是一个比较松散的、缺乏严格规定规范和约束的组织，因此，更需要社会道德和合伙人本身的素养来维系。

> **案例 1**
>
> 2004年3月，徐沛欣联合三个合伙人，注册资本为200万元人民币（徐沛欣和郭涛各自出资40万元人民币；李阳、杨涛各自出资60万元人民币），共同创立了母婴电商品牌——红孩子，并在北京正式成立公司，在线销售母婴用品、化妆品、食品、家居用品、厨房用品等品类产品，很快成为当时中国最大的孕婴购物网站。
>
> 然而，正所谓有人的地方就有江湖，公司步入正轨后不久，各派系的高管就在红孩子内部斗得不可开支，他们只追求眼前利益的最大化，忽视了公司的长远发展和利益，以自己好恶判断一切，创始人的内讧斗争很快使红孩子内部持续失衡。
>
> 从2007年开始，其他三位合伙人先后离去，剩下徐沛欣一人，徐既不擅长管理，也不懂产品运营，只擅长周旋于各个VC之间，因此，产品和业务细节基本上不会关心，久而久之，企业便陷入了混乱。
>
> 创始人内讧的结局便是，2012年苏宁易购以6600万美元的价格全资收购母婴B2C平台红孩子，事件到此似乎有了一个比较圆满的结局，但对于创业者本人来讲，依旧让许多业内人士唏嘘不已。

合伙人之间的内斗，就是强烈不诚信的表现，合伙企业就像一幢房子，而诚信就是地基，没有诚信的支撑，终有一天会坍塌。一个成功的合伙企业并不在于创始人自身有多么强大，维护了多少人脉关系，而是坚守诚信，说到做到。那么，如何做才能使合伙人之间彼此信任呢？至少要做到以下两点。

（1）充分了解自己的合伙人

在寻找合作伙伴时，最好与那些值得信任的人合伙。因此，创始人最好与一些在创业前就已经长期认识、有过合作经历、互相了解的人合作创业。

（2）与合伙人坦诚相待

有的合伙人为了一己私利，常会向其他合伙人隐瞒一些对自己不利的信息，或者在工作中犯了错误也不及时向合伙人坦白，而是选择欺瞒，当其他合伙人发现后，不但不承认错误，还一味狡辩，想办法遮掩，这样的合伙企业最终都会走向散伙。

6.2　信任：信任是最大的力量

合伙人合伙，信任是第一黄金法则，对于自己的合伙人如果连最起码的信任都没有，何谈深入的合作？历史上的唐太宗是用人高手，他主政时期可谓人才济济，为什么所有的人才都能为他所用呢？其中最主要的一个原因就是信任。

他十分信任自己的属下，曾说过这么一句话："为人君者，驱驾英才，推心待士。"意思是说：作为君王，如果想要"驱驾英才"，就必须对下属推心置腹，不要对他们怀有戒备之心。在封建社会，明君与昏君的一个最重要区别就是：明君能做到用人不疑，对大臣们充分信赖。而在现代社会，大胆用人，并做到"用人不疑"，同样也是创业者与合伙人成就一番事业的重要前提。

案例2

很多人都知道淘宝网，但很少人知道孙彤宇这个人，其实，他才是淘宝网真正的创始人，因一手创建淘宝网而被称为"淘宝网之父"。早在1996年，阿里巴巴仍在做中国黄页时，孙彤宇就入伙跟随在马云身边，从杭州到北京再到杭州，一路跌跌撞撞地走来，孙彤宇一直没有放弃马云。和他一样没有放弃马云的，还有另外16位创业伙伴——在今天的阿里巴巴公司内部，他们和马云一起被称作"十八罗汉"。

1999年阿里巴巴刚成立时，马云就曾对始终跟随在自己身边的"十七罗汉"明确表示："你们只能做连长、排长，团级以上干部我得另请高明。"在当时，作为元老的孙彤宇只是担任阿里巴巴投资部经理。但是，2003年的一天，当马云向孙彤宇提起建立淘宝网的计划，并问他如果负责这个项目，什么时候能够打败易趣时，孙彤宇立下了3年的军令状。于是，在当时"海归"云集的阿里巴巴，马云大胆起用了这个地地道道的"土鳖",因为马云意识到,孙彤宇现在也许只是个"连长""排长",但他有成为"师长""军长"的潜力。

2003年4月14日,孙彤宇受命带领十几个人秘密创建淘宝网,被任命为该项目的负责人。最开始开发淘宝网时,孙彤宇经常带领整个团队连续几周不回家。困了就洗把脸,在办公室里睡一小会儿……

事实证明,马云没有选错人,孙彤宇也不负众望,完成了使命。在面对强大的竞争对手时,孙彤宇带领着团队冲锋陷阵,经过几年的努力,最终让淘宝网成长为中国最大的网上消费者交易市场。到2005年,淘宝网的市场占有率达到80%,彻底打败了易趣,从而也成功地打破了跨国巨头企图垄断中国个人网上交易市场的野心,创造了中国互联网历史上的"淘宝奇迹"。

在马云看来,大胆起用并信任自己的员工,是一个企业用人的第一标准,同时也是一个企业走向成功的第一步。马云曾说过这样一段话:"必须信赖并关心员工。你的员工、你的团队是唯一能够改变一切的力量。员工是帮助你实现梦想的基础。大企业总是抱怨创新过程中所碰到的问题,他们不知道如何实现目标,原因是他们没有倾听员工的意见。他们把太多的精力花在了股东身上。股东会给你很多意见,但是在执行过程中,他们却会离你而去。股东随时都在改变主意,但是你的员工却总是和你站在一起并支持你。我记得2000年和2001年是最艰难的时候,当时只有一群人同我并肩作战,他们就是我的同事。他们说:'马云,未来两年你不用给我们发工资,我们会和公司一起坚持到最后,因为你尊重我们,因为客户需要我们。'"正是基于这种信任,马云才会最终走向成功,创建庞大的网络帝国。

企业的发展绝对不可能凭借一个人的力量来完成,它需要的是集体的智慧,而作为企业的老板,就要成为集体智慧的开发者,让每一个有才能的人实现价值最大化。大胆起用人才,给予人才最充分的信任,才是管理的根本。

你真诚地对待下属,自然能得到他们的认可,也更容易取得他们的信任。但是切忌说实话伤害别人的感情,这样会得不偿失。

6.3 包容:别老盯着对方的过错

合伙人之间的关系大多是互补性的,因为只有互补才能取长补短,让团队更完美。但正是这种互补关系，也使各合伙人之间有很大的不同，如性格、为人处世的方式、接受教育的程度等诸多方面，开拓型的人会觉得务实型的人太保守、死板，只会节流不会开源；务实型的人觉得开拓型的人好高骛远，不会走就想跑，赌性太强；性格平和的人会看不惯自己的合伙人太过强势和挑剔，而反过来强势的人又看不惯性格平和的人的优柔寡断和没有原则……

这些不同在日积月累、鸡毛蒜皮的磨合中很容易渐生隔阂，为双方可能会产生某方面的分歧埋下隐患，就像一颗定时炸弹随时可能爆炸。

天然的"不同"是合伙的最大障碍，这就要求各个合伙人必须尊重事实，说话办事要客观公正。同时，在尊重事实的基础上还要学会调整心态，求同存异、相互欣赏，在互相制衡和妥协中找到一个平衡点。

（1）尊重事实

事实是最有说服力的，当你说话办事都是以事实为依据，真实地反映事实，一切结论都会公平公正，也容易获得多数人的赞同和支持。

（2）求同存异

人的潜意识里都有"以己之长比人之短"的认知，且往往容易把自己认为合理的东西当成唯一的真理，并用这把尺子去度量他人。一旦他人不符合自己的预期，就会马上否定甚至心生怨气。其实，这是一种自负的表现，合伙人绝对不能存在这种心理。相反，格局要大，要懂得宽容，以开放的心态去理解他人的观点和思想，多站在别人的角度去思考，积极学习、耐心磨合。

（3）相互理解

信任、理解和相互欣赏是合伙人相处的三个境界，信任尚且容易做到，但做到发自内心的理解和欣赏就非常难了。其实合伙人之间的很多矛盾和冲突，是没有对与错之分的，大部分都是因为彼此不认同对方的观点，也就是无法"理解"别人，容纳不了别人的不同。

在正确理解的基础上才有预测，而预测又是管理和控制的基础。这样，什么样的人会出现什么样的事情就会在你的预期之内，而不会事到临头才很错愕、很受伤。

（4）相互欣赏

这个境界最难，欣赏不仅是欣赏彼此的相同和共鸣之处，更是要欣赏彼此的不同之处。因为他人身上有我不具备的优点，我才要以积极的心态去借助他人的这种力量来影响和提升自我，这种心态是两个人形成深度沟通的基础。有了相互欣赏，彼此间的互补效应才能发挥到最佳境界，该发散的时候由谁来主导，该收敛的时候又该由谁来主导，该唱红脸时谁上，该唱黑脸时又该谁上……

每个人都拥有了两个人的智慧与能力，这就是协同效应，就是1+1＞2。当然，这个境界说着容易，做起来却很难，理性表态时，谁都起心发愿，希望相互信任、相互理解、相互欣赏，但在现实中，能够做到相互理解就不错了。因为人都有自己的思维与行为惯性，都本能地守在自己的心理舒适区里不愿意走出来。

6.4 权责分明：责任到人，分工明确

合伙人在初创业的时候，是可以互相取长补短的。你有技术，他有资金，或者还有业务等，这在很大程度上解决了单独创业的思想困境、资金困境和人员问题。但是，反过来我们也不得不面对现实的问题。合伙，在前期解决了这些问题之后，公司慢慢在发展，是继续各司其职还是身兼数职？如果在前期，A只会技术，不会业务，但是在后来，A除了会技术之外，还学会了业务，那么，有的人就觉得，2个人会的东西，现在A一个人全都会了，是不是就没有必要再继续合伙了？这种想法到底是短见，还是远见呢？

作为合伙人，有成功的大集团、股份公司，也有经营一个小柜台、档口的。这些成功的合伙企业，都有一个共同的特点，那就是在合伙之初，必须明确分工，该谁做哪方面一定要责任到人，不该做的最好不要去插手。合伙人必须要保持这种原则性，利益分成确定之后，便不许反悔。俗话说，亲兄弟明算账，合伙人在最初必须把公司资源、供给、收入等问题摆开来谈，这样不仅能显示出双方的诚意，更重要的是可以知道彼此的优势、劣势。取长补短，方能为合伙企业发挥自己的能力。

对于合伙企业来说，确立各自的职责，互不越界才能够长久合作。俗话讲：先小人后君子，合伙之初，一定要将所有的细枝末节开诚布公地说明白，再签订协议，以保障合伙企业的顺利发展，无论是对自己，还是对合伙人，都可以给予一个保证。

6.5 敢于担当：做问题面前的勇士

合伙人一定要敢于担当责任。犯错和失职并不可怕，否认和掩饰错误才是最不可容忍的。

2010年，因地产合伙人反目，"军旅·凯旋门"97户业主遭遇"一房两卖"的恶性事件，该项目的开发企业河南军安实业服务中心有限公司和另一合伙人河南省新安老兵地产开发有限公司各卖各的房，因此，这两家合伙公司打起了官司。

据了解，5年前，河南军安实业服务中心有限公司与老兵公司（后改名为"河南省新安老兵地产开发有限公司"）就"军旅·凯旋门"项目签订了一份《房产开发合作协议书》，协议书中规定，"军旅·凯旋门"项目由老兵公司投资全权开发经营，项目建成后，老兵公司向军安公司支付500万元的固定利润作为给军安公司的回报，而军安公司要负责办理项目的相关手续。根据协议约定，老兵公司以军安公司的名义全权开发经营，承担开发过程中的经济责任、民事责任和法律责任。后因一方建设资金短缺，以致工程停工，引起双方合作纠纷。即在均未取得商品房预售许可证的情况下，军安公司与老兵公司互相争卖房产，造成"军旅·凯旋门"小区甲#住宅楼97套住房"一房两卖"的后果。此后，两家合伙人打起了旷日持久的官司。

香港首富李嘉诚认为，部下的错误就是老板的错误。多年的经商经验让他知道，经营企业并不简单，犯错是常有的事情，而一旦出现错误，必须带头检讨，把责任全部揽在自己身上，尽量不让部下陷入失败的阴影。他时常说："下属犯错误，老板要承担主要责任，甚至是全部责任，员工的错误就是公司的错误，也就是老板的错误。"

（1）有责任心

合伙创始人往往是所有合伙人的大脑，老板需要勇于承担责任，犯了错误不要躲避，只有这样才会让其他联合合伙人、兼职合伙人感觉到老板是一个心胸坦荡、有责任心的人。凭借责任感树立起的威信更能让身边的人信服，从而赢得更大的尊重和支持，否认和掩饰只会导致老板失去众人的信任。

（2）勇于揽责

不光在自己犯错的时候敢于站出来，承担责任，在合作伙伴犯错的时候也要勇于把责任揽过来。因为，这是一个团队，无论是成功还是失败都是团队的决策，有人犯错需要所有人共同承担。作为创始人要有敢于为合作伙伴承担责任的勇气，即使是对方的错，也有自己失察、指挥不当的责任。

6.6 相互学习，共同进步，共同成长

按照《中华人民共和国合伙企业法》第二十七条的规定，合伙人对公司的运行，或合伙人之间有相互监督的权利。具体内容为：依照本法第二十六条第二款规定委托一名或者数名合伙人执行合伙企业事务的，其他合伙人不再执行合伙企业事务。不执行合伙事务的合伙人有权监督执行事务合伙人执行合伙事务的情况。

合伙企业在监督方面应该灵活应对，既要做好监督工作，确保企业事务处于可控范围，又要避免过于直接的"紧盯"，给合伙人一个可以喘息的空间。在合伙运营公司的过程中，合伙人彼此之间需要分工明确，各司其职。在此基础上，合伙人之间还要相互监督，发现问题可以及时讨论、及时解决。这样做可以保证合伙人在工作、管理事务上尽职尽责，有助于企业稳定持续、健康的发展。

合伙人之间可以制订一些相互监督的规则，每个人都可以提出对公司管理方面的建议，不仅是局限在自己的管辖范围之内，还可以覆盖其他合伙人的管辖范围。这样一来，就能很好地促进合伙人之间的相互监督。

在互相监督的基础上，合伙人之间要经常保持交流和沟通，这也是非常重要的一点。沟通和交流可以不断加深合伙人之间的信任，让合伙人之间更加熟悉和默契，以便更好地协调公司内外的工作。另外，有效的沟通和交流也可以及时化解合伙人之间的矛盾，不让其变深变大，以免影响到公司的整体发展。

虽然合伙人之间需要监督，但是这并不代表合伙人要不分时间、不分地点地紧紧盯着对方。如果实行这样的监督，会在很大程度上影响合伙人的工作，毕竟谁也不想随时都处在别人的监控下。

合伙人虽然是企业的老板之一，但这并不代表他们自己就可以"为所欲为"。在监督其他合伙人、员工的同时，各个合伙人还应该自我监督，要严于律己、以身作则，这样才能赢得其他合伙人和员工的尊敬。

在工作中，合伙人要在完成本职工作的基础上不断反省，思考自己是不是做得不够好，或者有什么缺陷，以便及时改进。在生活中，合伙人也要严于律己，比如每天给自己制订一个健康合理的生活计划，让自己按照计划办事，有良好的精神状态处理合伙公司的事务，也能带给其他合伙人和员工积极和正面的影响。

第7章

合伙人制风险控制：签订协议，让合伙之路越走越远

合伙企业的经营模式决定其在发展过程中必然会带有一定的不稳定性。因此，与传统企业相比，合伙企业有很多潜在风险。而签订协议是控制风险，将风险带来的损失降到最低的唯一手段。因此，合伙人必须重视协议的作用，无论什么事情最好先在协议中体现出来，尽量避免口头承诺或协议。

7.1 风险1：合伙前不签订合伙协议

合伙协议是合伙企业重要的法律性文件之一，用以规范和约束合伙人的一切权利和义务，如合伙人享有的权利、各自的职责和义务、利润分成比例、违约责任、合伙人入伙和退伙等具体事项。签订合伙协议是合伙企业生存、发展的重要前提，同时也可以减少不必要的麻烦，当企业出现问题时，也能根据法律程序来处理。

因此，在成立合伙企业之前，合伙人之间要签订相关的合伙协议，那么合伙协议通常都包括什么内容呢？详见表7-1。

表7-1　合伙协议包含的内容

项目	内容
1	合伙企业的名称、所在地地址以及其他基本信息
2	各合伙人的姓名、住址、电话等基本信息
3	合伙企业的经营以及设定的存续期限信息
4	合伙企业成立的日期
5	合伙人应当享有的权利和履行的义务
6	合伙人的出资、投资方式
7	合伙人利益分配和受损承担方式
8	合伙人退伙和入伙相关事宜
9	合伙人权益分配方案
10	合伙企业结账日和利润分配时间
11	合伙企业终止以及合伙财产分配
12	其他需经全体合伙人同意的事项

表7-2列出了合伙协议的模板。

表7-2　合伙协议模板

合伙协议范本
合伙人：甲_____乙_____丙_____（其他合伙人按上列项目顺序填写） 合伙人甲：姓名_____，性别_____，年龄_____，住址_____ 合伙人乙：姓名_____，性别_____，年龄_____，住址_____ （其他合伙人按上列项目顺序填写） **第一条　合伙宗旨** 即合伙的预期和目的，具体内容省略。

续表

第二条 合伙经营项目和范围

根据企业生产、经营和销售的项目据实填写。

第三条 合伙期限

合伙期限为____年，自____年__月__日起，至____年__月__日止。

第四条 出资（包括出资人的姓名，出资额度、方式以及期限）

1.合伙人_____（姓名）以_____方式出资，计人民币_____元。（其他合伙人同上顺序列出）

2.各合伙人的出资，于_____年_____月_____日以前交齐，逾期不交或未交齐的，应对应交未交金额数计付银行利息并赔偿由此造成的损失。

3.本合伙出资共计人民币_____元。合伙期间各合伙人的出资为共有财产，不得随意请求分割；合伙终止后，各合伙人的出资仍为个人所有，至时予以返还。

4.合伙组织财产份额分配，各合伙人占有合伙组织财产份额为：_____。

第五条 权利和义务（包括工资、分红、盈余分配与债务承担等）

1.奖金分配：合伙组织经营期间，各合伙人工资为_____。随着合伙经营的深入，利润可观后，年底将发放奖金，奖金数额根据收入现状和个人贡献经合伙人会议决定。

2.盈余分配：除去经营成本、日常开支、工资、奖金、需缴纳的税费等收入为净利润，即合伙创收盈余。盈余分配为利益分配的重点，将以各合伙人占有的合伙组织财产份额为依据，按比例分配。

3.债务承担：如在合伙经营过程中有债务产生，合伙债务先由合伙财产偿还，合伙财产不足以清偿时，则以各合伙人占有的合伙组织财产份额为依据，按比例承担。

第六条 除名退伙、出资（股权）的转让

1.除名退伙。合伙人有下列情形之一的，经其他合伙人一致同意，可以决议将其除名：

（1）个人丧失偿债能力；

（2）未履行出资义务；

（3）因故意或重大过失给合伙组织造成经济损失；

（4）执行合伙组织事务时有不正当行为；

（5）合伙人有违反本协议第九条规定的行为。

对合伙人的除名决议应当书面通知被除名人。被除名人自接到除名通知之日起，除名生效，被除名人退伙。合伙人退伙后，即视为放弃其在该合伙组织中占有的财产份额，并不再参与本年度合伙组织的利润盈余分配，其他合伙人即自动拥有该财产份额，但不免除其因此给其他合伙人造成的损失。

2.合伙组织财产份额的转让

合伙期间，未经全体合伙人书面同意，合伙人不得随意转让其在合伙组织中的全部或部分财产份额。如经其他合伙人书面同意该合伙人向合伙人以外的第三人转让，则第三人应按新入伙对待。合伙人以外的第三人受让合伙组织财产份额的，经修改合伙协议即成为合伙组织的合伙人。

第七条 合伙人会议、合伙负责人及合伙事务执行（对合伙企业日常经营、职责分配、内部管理的相关规定，如会议制度、执行制度等）

1.合伙人会议制度

经全体合伙人决定，委托_____为合伙会议执行人，其权限为：

（1）召集：合伙人会议由合伙事务执行人_____召集和主持，合伙负责人可根据情况需要决定召开合伙人会议；

（2）时间：一般情况下每月一次，具体召开时间由合伙负责人根据情况决定；

（3）表决权：每个合伙人在合伙人会议中均享有表决权，除本协议另有约定外，重大事项决定应由占合伙组织财产份额比例三分之二以上的合伙人同意方可通过，一般事项决定由占合伙组织财产份额比例二分之一以上的合伙人同意即可；

（4）重大事项须经合伙人会议中占合伙组织财产份额比例三分之二以上的合伙人同意方可通过。包括：推举合伙事务执行人；增加、减少经营种类，调整、转换经营项目，扩展业务；对各合伙人占有合伙组织财产份额和利润分配比例进行适当调整；决定合伙组织的内部机构设置和财务收支计划；决定合伙组织的经营价格和工资、奖金、福利制度；

（5）其他工作会议。

2.执行制度

经全体合伙人决定，委托_____为合伙事务执行人，其权限为：

（1）合伙事务执行人每月主持召开一次有各合伙人及合伙组织主管职员参加的工作会议；

（2）合伙事务执行人每月主持召开一次有各合伙人及合伙组织全体职员参加的工作会议；

（3）业务经理每月主持召开一次有下属职员参加的工作会议；

（4）召集、主持合伙人会议，对合伙组织的重大事项（如扩展业务、调整、转换经营项目等）享有最后的决定权；

（5）对外开展业务，订立合同；

（6）对其他合伙人执行合伙事务的情况进行检查监督，根据合伙人会议决定任免和调整其职务和负责事项；

（7）根据合伙事务执行人的提名任免合伙组织的业务经理，并决定其应享有的报酬；

（8）根据合伙组织的盈利情况和合伙事务执行人的个人表现，有权对合伙事务执行人占有的合伙组织财产份额和利润分配做出适当调整。

3.合伙内部行政事务的负责人

经全体合伙人决定，委托_____担任合伙内部行政事务的负责人，负责合伙组织的内部经营和管理。其权限为：

（1）组织实施合伙人会议；

（2）对合伙组织经营进行全面日常管理；

（3）制订合伙组织的内部管理制度；

（4）拟定合伙组织的内部机构设置方案和奖惩激励制度；

（5）提请聘任或者解聘合伙组织的业务经理；

（6）审核现金收付凭证及日常财务开支情况；

（7）合伙人会议授予的其他职权。

4.日常经营和管理

（1）经全体合伙人决定，委托____担任合伙组织的财务、后勤负责人，并协助其他合伙人参与合伙组织的日常经营和管理；

（2）对合伙事务执行人负责，主持合伙组织的日常财务、后勤等工作；

（3）制订合伙组织的财务制度，编制合伙组织的财务收支计划，检查监督财务制度的执行，并及时向其他合伙人通报财务计划执行情况；

续表

（4）督促合伙组织相关部门降低消耗、节约费用、合理使用资金，对合伙组织的年度经营成本和利润进行预测，并形成预测报告，供合伙人会议决策参考；

（5）拟定财务机构设置方案及财务收银人员的岗位职责；

（6）负责人事档案管理。对相关资料（如人事资料、文件、凭证、账簿、报表）进行整理、收集和立卷归档，并按规定手续报请销毁或存档；

（7）拟订合伙组织经营价格及工资、奖金、福利制度，管理营业发票；

（8）管理合伙组织现金流动及与银行的存兑资金往来，及时核对，保证账目清楚、账实相符；

（9）合伙人会议授予的其他职权。

第八条　合伙人的权利和义务

1.合伙人的权利

（1）参加合伙人会议，并对合伙事务的执行进行监督；

（2）合伙人享有合伙利益的分配权；

（3）合伙人分配合伙利益应以其占有合伙组织财产份额的比例或者按本协议的约定进行，合伙经营积累的财产归合伙人共有；

（4）经全体合伙人书面同意，合伙人有退伙的权利。

2.合伙人的义务

（1）按照合伙协议的约定维护合伙组织财产的统一；

（2）分担合伙经营损失的债务；

（3）为合伙债务承担连带责任。

第九条　禁止行为

1.未经本合伙协议或合伙人会议授权，禁止任何合伙人私自以合伙组织名义进行业务活动，私自进行业务获得的利益归全体合伙人，造成的损失由该合伙人个人全额进行赔偿；

2.禁止合伙人参与经营与本合伙项目相似或有竞争的业务，如违反规定经营，应向本合伙组织支付前两年内经营所得利润最高月份利润（或平均利润）12倍的违约金；

3.除合伙协议另有约定或者经全体合伙人同意外，合伙人不得同本合伙企业进行交易，如有违反，交易所得利益归合伙组织所有，给合伙组织造成的损失应该双倍赔偿；

4.合伙人不得从事损害本合伙企业利益的活动。

第十条　违约责任

1.合伙人未经其他合伙人一致书面同意而转让其财产份额的，如果其他合伙人不愿接纳受让人为新的合伙人，则可按退伙处理，转让的合伙人应赔偿其他合伙人因此而造成的全部损失；

2.合伙人私自以其在合伙企业中的财产份额出质的，其行为无效，由此给其他合伙人造成损失的，该合伙人承担全部赔偿责任；

3.合伙人严重违反本协议或因重大过失导致合伙企业解散的，应当对其他合伙人承担赔偿责任。

第十一条　争议解决方式

凡因本协议或与本协议有关的一切争议，合伙人之间应先共同协商，如协商不成，提交××市仲裁委员会仲裁。

续表

> **第十二条** 经协商一致,合伙人可以修改本协议或对未尽事宜进行补充约定;补充、修改内容与本协议相冲突的,以补充、修改后的内容为准。
>
> **第十三条** 本协议一份____页,各合伙人各执____份。
>
> **第十四条** 本协议经全体合伙人签名、盖章后生效。
>
> 全体合伙人签章:
> 甲方:_____
> 乙方:_____
> 丙方:_____
>
> 签约时间:_____年_____月_____日

7.2 风险2:合伙财产归属不明

前面曾经提过,在合伙企业中,合伙人的出资形式多种多样,既有现金、实物,也有土地使用权、知识产权、技术使用权及其他劳务出资。值得注意的是,无论哪种投资都涉及一个财产归属问题,合伙人一定要重视起来。

不同的出资形式,所产生的财产归属是不同的。为避免财产遭受损失,合伙人有必要在合伙协议中做出相应的约定,或另签订一份合伙企业财产协议,约定好财产出资形式、以及权利与义务等。

合伙财产协议具体内容包括以下三个方面,如图7-1所示。

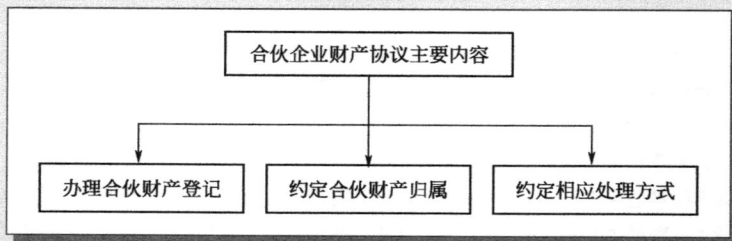

图7-1 合伙企业财产协议主要内容

（1）明确合伙财产的登记、备案所属

财产的登记、备案是明确合伙财产所属的第一步,因此,合伙协议中必须明确约定财产登记手续的办理权利者和义务者,以及办理费用,所有权、他物权的所属。对于不需要进行审批的,如商标许可使用权、专利许可使用权等,需要将相关合同、协议拿到有关部门备案。

（2）明确合伙财产的归属问题

提到合伙财产时，大多数人认为应该属于合伙人共有，实际上并非如此。合伙财产归属问题相对比较复杂，需要视情况而定。如以现金或财产的所有权出资的，应认定为共有财产；但以房屋使用权、土地使用权出资的，在合伙经营期间，应该由全体合伙人共同享有使用权，但并不享有所有权；而以劳务、技能等非财产权出资的，劳务、技能虽然可以进行价值评估，但因为这些技能具有行为性的特征，因此并不能成为合伙企业的财产；当合伙人以商标、专利等无形资产出资的，既可能以所有权出资，也可能以使用权出资。

这些都需要合伙人在协议中进一步明确约定，一旦约定不明确，就会存在争议，引发法律风险。

（3）约定合伙财产相应的处理方式

协议中应该针对财产约定处理方式，这是至关重要的，一旦忽略这点很可能就会引发多种不确定，增加企业潜在的法律风险。

这样的事件非常常见，某采石场是陈某某、李某某、刘某某于2012年6月出资成立的矿产开采合伙企业。2013年1月10日，原告周某加入合伙并签订了书面合同，合同约定，原告以机械设备和生产线设备投入，利润占45%；被告方以企业证照、山场资源、场地等设施及材料投入，利润占55%。合同签订后，各方依约履行并开始了生产经营活动。在经营中，原、被告产生分歧，石场于2014年5月停工。由于对上述分歧无法达成统一意见，原告遂诉至法院要求确认其退伙，并返还投入的设备。

原告曾申请由相关专业部门进行司法清算。审理期间发现，由于双方当事人没有约定财产的处理方式，也无法提供相关的材料，因此，法院无法做出裁决，最后只能将送检资料退回。

7.3　风险3：劳务出资时的4风险

在所有的出资项目中，除了现金、知识、技术外，还有劳务。劳务是一种比较特殊的出资方式，由于劳务不像现金那样可具体量化，也不像知识、技术那样有完善的法律保障。因此，当出资人提出以劳务的形式出资时，一定要谨慎，因为其中隐含着很多隐性问题，这些问题一旦控制不好，其他合伙人将承担法律责任。

接下来，就来详细了解一下劳务出资可能存在的法律风险问题，常见的有以下四条。

（1）劳务价值无法量化

劳务虽然是有价值的，但相对比较难量化。关于劳务价值，无论是业界，还是法律上，都没有明确的规定，大多是在长期实践中行业约定俗成的说法。所谓的劳务价值，通常是指花在劳务生产上的耗费价，是由劳务生产过程中劳动耗费和劳务消费的社会必要劳动时间决定的。

从这个角度看，对劳务价值进行衡量和量化是很难的，大多只能依赖合伙人之间的口头协议，经过沟通和协商，达成一个比较统一的、双方认可的意见。然而这类协议局限性比较大，带有强烈的个人情感，甚至违反常理，违反相关国家法律法规。

因此，当合伙人只是同意以劳务出资，但没有明确其价值时，在签订类似的协议条款时需要十分谨慎，尽量避免可能出现的不确定因素，不触犯法律。总之，一切要事先约定，并以文件的形式明确下来，就能够有效避免风险。

（2）劳务出资人应承担什么责任

按照规定，合伙人之间应该共负盈亏，共担风险，对外承担无限连带责任。劳务出资合伙人也是利益共享、连带责任承担者之一，然而由于劳务出资合伙人本身并不具有财产出资能力，责任划分不够明确。因此，在实践当中很容易出现权责不对等的情况，成为合伙的隐患。

对此，协议中应当事先明确是否按照正常合伙人来承担责任。当劳务出资人具有足够的财力时，该法律风险则可以忽略，反之，承担责任的风险就会大增。

（3）停止提供劳务后可能承担的风险

劳务出资对合伙企业的贡献在于劳务的提供和输出，一旦确定了其在合伙企业中占的出资比例，即使有一天不再为合伙企业提供劳务，其出资份额也不会自动消失。

这时候，企业不能简单认为劳务出资人不提供劳务就属于撤回出资的退伙行为，毕竟劳务出资人会随着劳动能力或技能的丧失而不具备继续提供劳务的必要性。很多合伙企业会因为这个情况产生争议，争议的内容关乎是否应当降低其所占的出资比例。事实上，这种情况的法律风险在合伙企业中越来越多。

（4）出资人无故退伙可能承担的风险

企业对劳务出资者分配合伙财产的比例和方式很难简单理清。劳务出资合伙人未退伙前，这种法律风险还属于隐性风险，不太可能引起合伙人的注意。然而，当这类合伙人退伙时，合伙企业实质上已经不再享有其提供的劳务，就很可能直接导致出现法律危机。

7.4 风险4：事务管理权不能过于集中

在合伙企业中，企业的各项事务通常由各合伙人掌管，但具体掌管什么事务，权利大小，还需根据其能力、擅长的领域，以及出资的类型、出资比例而定。但仅靠这些是很难确定的，因此，合伙人之间需要制订一个关于合伙事务处理的计划和方案。

在大多数企业中，尤其是业务单一、数量少的中小型企业，事务处理方案的确定基本都是通过合伙人协商的方式而定。而一旦规模扩大、经营活动增多，想要所有事务达成一致意见却越来越难，这也是使风险大增的一个主要因素。这种风险主要集中在三个方面。

（1）经营的垄断

参照相关法律给出的指导性意见，对于重要的经营决策和影响合伙事务的决策都需要合伙人全部或者超过一定比例通过后才能实施。而现实经营活动中，往往经营活动都是操纵在有销售资源的合伙人手上，这样其他合伙人就无法知晓经营的具体细节和事实，容易产生纠纷。

（2）财务的垄断

合伙企业作为一个灵活性的经营模式，财务账册对于了解经营情况，保障自己的分红权益是十分关键的材料。而财务很多时候都是由经营者掌握，所以财务的垄断往往导致其他合伙人想查账时，要么遭到拒绝，要么查看的是已经被处理过的账册。

（3）转移合伙财产

由于合伙的财产没有像股份制企业、有限责任公司那样全部隶属于公司，因此，合伙财产很容易被个别不法合伙人转移给第三方。根据法规的规定，合伙财产是不允许被合伙人私自转让给第三方的。因此，需要一个协议来规范合伙财产的处理方法和原则，下面来看一下对合伙财产处理常见的原则。

① 各合伙人无论出资多少，均按每人一票的方式来决定企业中的事务。

② 各合伙人根据出资比例享有决策权利。

③ 合伙人根据各自的职责、决策事项的不同以及专长技能的不同，建立较为复杂的决策机制。

7.5 风险5：完善财务制度，杜绝财务漏洞

对于合伙企业经营过程中出现的诸多漏洞，最严重也最容易引起法律纠纷的就是财务方面。因此，订立合理的财务制度、完善的企业财务会计制度，是合伙企业的重中之重。无论是初创的企业，还是比较成熟的企业都要在会计准则方面达成协议，而且要找可靠的会计人员担任这一工作。

杜绝财务漏洞，对合伙企业来说是极其重要的事情。因为站在债权人的角度，参与合伙并出任合伙人时，必将对企业债权人的合法权益构成重大影响。其实，不止是合伙企业，在普通企业中，很多企业也已将股东的投资风险，通过制度合理地转嫁给债权人，当然，很多债权人是心甘情愿承担这种风险的。那么，债权人为什么会愿意为股东买单？之所以这样做，是因为股东承诺债权人在企业中享有更多的权利。事实上，这些承诺在实践中很少兑现，股东滥用权、钱的现象非常普遍。

财务制度是企业中必不可少的一项制度，一个企业的生存和发展首先必须依赖于完善的财务制度。这一制度是用来规范企业与各相关方面经济关系的法律、法规、准则及办法的总和。合伙企业作为企业经营的一种特殊形式，同样需要特定的财务制度来保障，依法建立财会制度，并按照制度严格执行，以使各方面的管理制度化、规范化。

合伙企业财务制度的主要内容具体如下：

（1）合伙人出资额，企业支付费用

企业注册成立前各合伙人所花的开办费用计入合伙人的出资额，合伙人足额认缴出资。企业依法注册成立后，各项开支计入企业费用，从企业注册资金中支出，合伙人个人不再承担企业支出费用。合伙人用于企业正常经营所花的实际费用按本章程规定及企业财务制度规定，由企业财务予以报销。

（2）利润分配

利润分配是指企业在支出各项费用、依法纳税并提取三金后的纯利润按合

伙人出资比例进行分红，合伙人的投资逐年以利润分配的方式进行回收，合伙人不得随意撤回投资。利润分配在每个会计年度进行一次，如企业经营亏损，则依法进行亏损弥补。

（3）年终财务会计报告

企业应在每一会计年度终了时制作财务会计报告，由财务会计于每年2月28日之前送交各合伙人，如有亏损应做详细的书面说明。

财务会计报告必须包括下列财务报表及附属明细表，如图7-2所示。

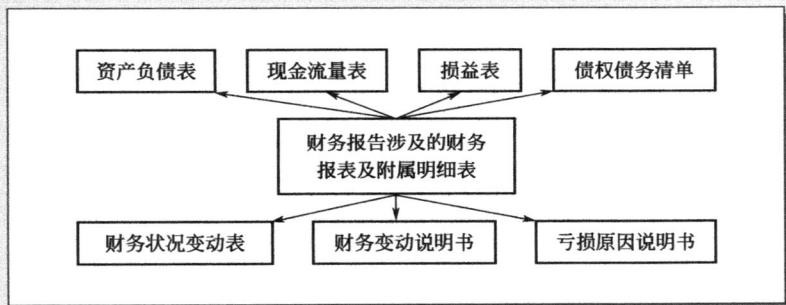

图7-2　财务报告涉及的财务报表及附属明细表

除此之外，为更好地明确合伙人的义务，通常还必须在财务制度中明确两点：

（1）企业必须以其全部财产对合伙债务承担无限连带责任

这点意味着在企业财产之上增添了新的普通债权担保，并且与企业自身的一般债权人的债权实现了无先后顺序之分。如果企业全部财产不足以清偿对一般债权人和合伙企业债权人的债务，即按比例清偿，那么企业的债权人可能得到的清偿比例必然下降。

（2）不得随意请求分割企业财产

根据《合伙企业法》的规定，合伙人在合伙企业清算前，不得请求分割合伙企业的财产。合伙人向非合伙人的第三人转让其在合伙企业的财产份额时，须经其他合伙人的一致同意。如果企业欲用其投入合伙企业的财产向企业的债权人清偿债务，将可能遭遇很大的障碍。

这实际上缩减了可供企业向其债权人清偿债务的财产范围。因此，企业成为普通合伙人对企业一般债权人的债权实现极为不利。

7.6 风险6：财务清算中的两大注意事项

财务清算是指合伙人退伙，或者企业散伙后，对企业财产进行分割的一种处理方式。按规定，有合伙人退出，或在合伙企业解散后应当对所属财产进行清算，并通知和公告债权人。清算人由全体合伙人担任，未能由全体合伙人担任清算人的，经全体合伙人过半数同意，可以自合伙企业解散后15日内指定一名或者数名合伙人，或者委托第三人。

合伙清算通常有两种类型：

① 合伙人或合伙人同意的第三人对合伙企业组织清算的，为普通清算，又称为一般清算；

② 合伙人不组织清算或无法组织清算时，由法定机构指定清算的，为特别清算，又称强制清算。

合伙企业财产清算流程具体如下：按照合伙企业所欠税款、合伙企业的债务顺序清偿，即合伙企业所欠招用的职工工资和劳动保险费用；在按上述顺序清偿后，合伙企业财产仍有剩余的，再按照约定比例或者法定比例分配给合伙人。

在这个过程中，如果是个人合伙有两点需要注意：

① 个人合伙财务清算只能自行进行清算，不像有限责任公司可由法院主持进行破产清算，因此，很多时候有剩余合伙资产却因为合伙人不和而无法进行最后的自我清算。

② 个人合伙财务清算要建立在完整的财务账册基础上，如果没有财务账册，清算难以实现，之前投资的财产也可能无法得到最有效的保障。

此外，合伙企业还应该在清算方面做好协议和准备，一旦合伙企业散伙或者破产，那么清算就成为一个涉及法律的大问题，处理不好，很可能会发生法律风险。

7.7 风险7：隐名合伙的法律风险

在合伙企业合伙人中，有种特殊的形式 —— 隐名合伙（Dormant Partnership）。隐名合伙产生的隐名合伙人，顾名思义就是"隐藏着的合伙人"。这类合伙人在西方，尤其是大陆法系国家和地区非常多，法律对其权利和义务也均有明文规定。

那么，什么是隐名合伙？按照法律上的条文解释是指，当事人一方对另一方的生产、经营出资，分享企业的营业利益，并且以出资额为限来承担亏损责任，但是却不参加实际的经营活动的合伙形式。隐名合伙的特征如图7-3所示。

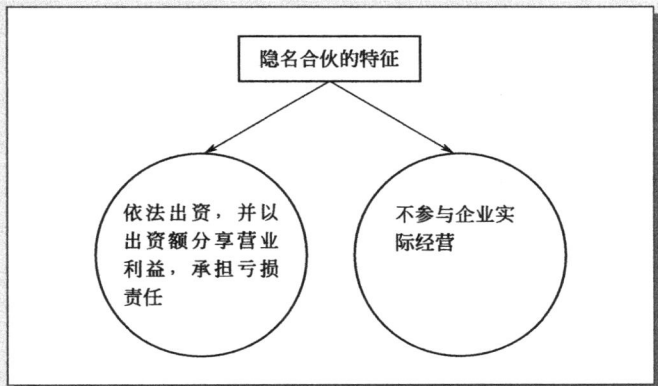

图7-3　隐名合伙的特征

不同国家对隐名合伙的认识存在差异，下面是德国、日本相关法律中对隐名合伙的不同解释，反映了立法者对隐名合伙的不同认识。

一是主体立法模式，即：将隐名合伙作为企业的组织形态之一加以规范。如《德国商法典》在第二篇"企业和隐名合伙"中单列一章规定了隐名合伙，把隐名合伙与无限企业、两合企业并列，把隐名合伙作为一种独立的商事主体加以规范。

二是合同立法模式，即：把隐名合伙作为合同加以规范。如《日本商法典》第三篇第四章第535条规定"隐名合伙合同，因当事人约定一方为对方的营业出资，分享其营业所得利益而发生其效力。"与该章并列的是买卖、交互计算、居间营业、行纪营业、承揽运输业、运输营业、寄托、保险等商业行为。该章还对隐名合伙人的出资、姓名或商号使用的许诺、盈余分配、契约的解除、契约终止的原因、契约终止的后果等事项做出了规定。

隐名合伙人并不会出现在企业登记中，这类合伙人所有的权利和义务都通过与一份合伙协议有明确约定。鉴于此，为减少不必要的风险，双方的约定就显得非常重要，如果你的企业中有隐名合伙人，就必须注意以下问题：

① 隐名合伙人通常不实际参与公司的经营管理。这是因为隐名合伙人只是单纯的投资者，其承担的责任为有限责任，若其参与到经营管理中，这种合伙人往往会滥用权利，为此造成的信用风险会很高。

② 隐名合伙人不能以劳务出资，出资形式必须仅限于财产。隐名合伙人不参与经营管理，因此其不具备以劳务出资的条件，必要时要规定隐名合伙人必须以资金出资。

③ 隐名合伙人在合伙企业中不具有相应的法律地位，因此，当公司出现亏损时，其他合伙人不得因公司亏损披露隐名合伙人。企业应该主张隐名合伙人在隐名合伙协议中明确其他合伙人的保密义务。

7.8 风险8：享有的利润和承担的亏损不对等

合伙企业中合伙人享有的权利和承担的责任是对等的。很多企业对于利润如何分配有约定，但是对于亏损的承担却没有明确规定。根据对等原则，一旦出现亏损，各合伙人应当按照利润分配的比例来承担损失。

具体可按照以下方式承担：普通合伙人对合伙企业债务承担无限连带责任，有限合伙人以其认缴的出资额为限对合伙企业债务承担责任。有限合伙企业实现了企业管理权和出资权的分离，可以结合企业管理方和资金方的优势。

根据《合伙企业法》的规定，普通合伙人与有限合伙人在企业债务的责任承担上有所不同，具体如表7-3所示。

表7-3 普通合伙人与有限合伙人的区别

企业债务的责任承担不同	有限合伙企业由普通合伙人和有限合伙人组成，普通合伙人对合伙企业债务承担无限连带责任，有限合伙人以其认缴的出资额为限对合伙企业债务承担责任。可以看出，普通合伙人对企业债务的承担范围要大于有限合伙人
与本企业交易权限不同	除合伙协议另有约定或者经全体合伙人一致同意外，普通合伙人不得同本合伙企业进行交易，而有限合伙人可以同本有限合伙企业进行交易。因此，在关联交易方面，法律允许有限合伙人与本企业进行交易
竞业禁止不同	有限合伙人可以自营或者同他人合作经营与本有限合伙企业相竞争的业务；但是，合伙协议另有约定的除外。可以看出，法律允许有限合伙人从事与本企业相竞争的业务

续表

财产 份额出资 额不同	普通合伙人以其在合伙企业中的财产份额出资的，须经其他合伙人一致同意；未经其他合伙人一致同意的，其行为无效，由此给第三人造成损失的，由行为人依法承担赔偿责任。而有限合伙人可以将其在有限合伙企业中的财产份额出资
财产份额 转让不同	除合伙协议另有约定外，普通合伙人向合伙人以外的人转让其在合伙企业中的全部或者部分财产份额时，须经其他合伙人一致同意；而有限合伙人可以按照合伙协议的约定向合伙人以外的人转让其在有限合伙企业中的财产份额，但应当提前30日通知其他合伙人。可以看出，除合伙协议另有约定外，普通合伙人向合伙人以外的人转让财产份额时，须经其他合伙人"一致同意"，而有限合伙人转让时，仅需要按照规定进行"通知"
财产出资 类型不同	普通合伙人可以用货币、实物、知识产权、土地使用权或者其他财产权利出资，也可以用劳务出资；而有限合伙人不得以劳务出资

在实践中，有大量企业想通过合伙的方式实现资金运转，所以，在合伙企业有非常多的有限合伙人，且通常都是以出资额为限来承担责任。要知道，这种情况在我国是不允许的，《合伙企业法》中有规定，合伙人不得以出资额为限来承担责任。因为这会大大损害普通合伙人的权益。（有限合伙企业是由普通合伙人和有限合伙人组成的。普通合伙人是以全部财产来承担对外债务的，称之为无限连带责任。而有限合伙人是以认缴的出资额来承担合伙企业的对外债务的。由于在实践中往往会出现出资人没有将及时认缴的资金到位，造成债务的承担不均匀，从而侵害了债权人的利益。）

鉴于此，有限合伙企业，在签订具体协议时，应符合法律规定，不得违法违规，否则视为无效。

案例 1

失地农民张某，手中有一笔失地补偿费，为了使这笔补偿费能保值增值，但又不承受任何风险，便在2005年7月与被告李某签订了一份只提供资金却不担风险的合伙（造船）协议。该协议约定，张某向李某提供10万元作为投资款，李某提供场地和技术进行船舶建造。张某不参与管理，也不承担任何风险，只是在一年后由被告归还其10万元投资及利润2万元。2006年，由于原材料价格暴涨及所建造的船舶不符合买家的建造要求，该船舶建造陷入停工，出现了巨额损失。

2007年5月，张某向李某催收10万元投资及利润2万元，李某称船舶建造是两人合伙，合伙出现亏损张某也应承担，张某不但要不回

12万元投资及利润，还应按比例承担两人合伙期间的债务。张某称两人在订立合伙协议时，就已经约定其不承担任何风险。两人因此发生争执，张某一气之下于2007年7月将李某告上了法庭。

对于此案件法院没有接受张某的诉求，并做出了协议无效的判决。法院的判决结果如下：原、被告之间产生的纠纷属于民间借贷纠纷，法院应判决被告返还原告的借款10万元。合伙协议被确认无效后，原告在本案中也存在一定的过错，应承担利息损失。

原来按照协议约定，原告张某只提供资金，不承担船舶建造过程中的亏损，不参与盈余分配，不符合法律规定的关于个人合伙的基本特征，违反《民法通则》关于民事主体在民事法律关系中权利义务对等的原则，他们之间的关系不属于个人合伙。原告张某向被告李某提供资金，不管李某如何建造船舶，约定一年后均要归还本金及利润，他们之间的关系形成了债权、债务的法律关系，原告是债权人，被告是债务人。

第 8 章

实践与运用：各行业合伙应把握的方向与趋势

隔行如隔山，每个行业都有自身的特点和规律，在不同的行业中，合伙的方向和侧重点不同。因此，无论是创始人还是投资人，在合伙之前必须充分意识到这种"合"是否符合自己的意向、自己的需求，合伙后能否为企业真正带来改观和长足的发展。

8.1 餐饮行业：引进创意项目

餐饮业是个传统且十分成熟的行业，市场趋于饱和，消费者需求基本稳定。可以说，如今的很多餐饮企业正在经历一个最大的发展瓶颈期，想要取得突破，有所创新可谓是难上加难。那么，在这波互联网经济大潮中，餐饮业是不是就必须停滞不前呢？

答案是否定的。正确的策略是稳中求胜，在原有的基础上引进外部的有利资源，善于创新，敢于创新。

合伙制为餐饮企业带来了新的希望，可最大限度地与社会上的新餐饮项目积极合作。现在社会上有很多创意餐饮项目、特色餐饮项目，如空心挂面、阳澄湖大闸蟹等。这些项目都极具市场潜力，而缺乏的正是被大众认识的机会。假如有企业扶持，给它们机会，很有可能会火爆市场。

最让人津津乐道的是西贝空心挂面，成为创意餐饮项目+资本合伙的绝佳案例。

> **案例1**
>
> 很多人认识空心挂面是通过央视大型美食节目《舌尖上的中国2》，节目中曾报道过的陕西一名老者——张爷爷的手工空心挂面。
>
> 空心面的制作过程可谓是精雕细琢，一丝不苟。面粉必须用最贵的河套雪花粉，老鸡熬汤必须超过5小时，西红柿必须发酵，上桌时面汤的理想温度为57℃。同时还有一个挑战人类极限的做法，即鸡蛋必须要足够圆，如果说，老汤、西红柿、汤的温度都在人为控制范围内的话，鸡蛋圆不圆可就是有点强人所难了，有人开玩笑说这不是在为难老母鸡吗。
>
> 其实，这不是张大爷撩拨观众的味蕾，就在很多人的质疑眼光中，张爷爷的西贝空心面的价值越发凸显出来。2014年7月，这一项目被全国最大的西北菜餐饮集团西贝莜面村发现，该公司以600万元的价格买断挂面的制作权、售卖权，并在其全国门店推出以"张爷爷家原汁原味"为名的酸汤挂面，从此，这款沉寂多年的传统美食被更多的人认识，一夜间火了。
>
> 据统计，从上市到8月底短短两个月，这碗挂面就卖出了100多万碗，销售额突破1700万元；至此，一年销售一个亿已成定局。原本就天天等位的西贝莜面村，现在队伍排得越来越长。部分门店对挂

面销量始料未及，节假日和周末时有断货。"今天沽清了，只好明天再来，有一起的不？"大众点评、微博上各种留言，张爷爷的挂面就像一场流行病，在食客当中迅速蔓延开来。

一碗面为什么会成功？大多数食客看到的只是挑剔的、几近苛刻的制作过程，精湛的技术，绝无仅有的口味。但从企业运作的角度来看，之所以最终被大众接受还在于资本的推动。试想，如果没有西贝莜面村的发现，这碗面也许就是当地的一个小吃，怎能被全国人民认识？

用资金买创意，其实就是一种合伙，企业用自己的资金优势与他人的创意进行合作，以达到双赢的目的。

引进创新项目，是餐饮企业走合伙制之路非常重要的一步。很多餐饮企业缺的不是资本，而是好创意，创意可以丰富自身的餐饮品种，更新餐饮口味，提升餐饮服务，以更好地挖掘市场上的潜在需求，吸引新的消费群体。现在很多餐饮企业，都靠这种模式来建立自己的餐饮品牌，只要操作得当，一些传统餐饮项目也可以玩出创新。如北京烤鸭这个项目，在传统餐饮企业金百万、互联网餐饮外卖品牌叫个鸭子手中具有了各自不同的特色。

叫个鸭子，一个火爆北京城的互联网餐饮外卖品牌。Mini Cooper、Google Glass、鸭来了、鸭子走了……各种的"敏感"，撩拨用户心弦，引发大家无尽的遐想，给人第一感觉就是"炒作"。经了解，"叫个鸭子"并不是一个花架子，靠名字博出位，而是始终重视用户体验，从菜品口味优化、高效递送到客户维护，一个步骤都没有怠慢。

金百万同样是以烤鸭为立足点建立了自己的品牌和行业口碑，在传统烤鸭以外的方式找到了新的盈利途径。并通过"门店辐射＋会员服务＋线上营销"的方式去扩大市场，以更亲民的价格去接近用户，在日均客流高达3万～10万元的宝贵资源情况下，坐拥百万会员，会员回头率达到80％以上。

8.2 电商行业：线上线下强强联手

绝大多数电商企业目前的处境都比较尴尬，投入多，赚得少，看着风风火火，实则是赔本赚吆喝。不赚钱，钱去哪儿了？都在电商的仓库里。货压在仓库里出不去，这是电商行业普遍存在的问题，做小单，工厂不买账，因为工厂根本没赚头，做大单又面临着同行，各大电商的价格战。一来二去，电商只能在工厂那儿先定下大单。电商大多不懂产品，而作为工厂是能赚一笔是一笔，生产出来的产品一股脑甩给电商，电商只能积压库存，慢慢自我消化。一旦卖不出去势必会造成货物积压，无形中承担了巨大的库存风险。

因此，降库存成了很多电商的最迫切需要解决的问题，大多数电商企业就死在这里，这种情况下，电商寻求合伙就成了必然，一方面与其他电商平台、分销平台合作，实现渠道多样化，渠道分流；另一方面要积极与物流企业合伙，让商品更快、更容易到达消费者手中。

电商企业只有与多方实现利益捆绑才能在未来存活下去。在寻求合伙人时，应该着重沿着以下四个方向进行，如图8-1所示。

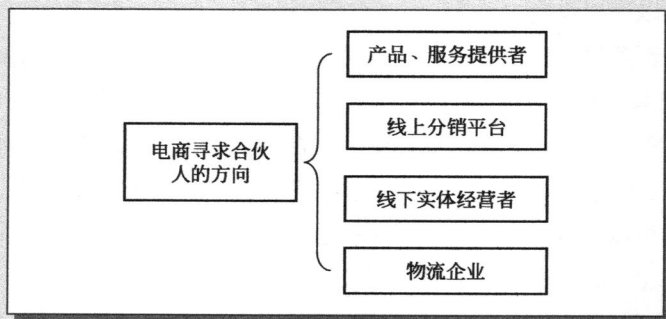

图8-1 电商寻求合伙人的方向

以阿里巴巴、苏宁换股为例进行说明。

案例
2

（1）阿里、苏宁宣布战略合作

2015年8月15日，阿里巴巴、苏宁宣布战略性的合作，两大巨头在电商、物流、线下门店、O2O等多领域实现合作。

2015年8月15日，苏宁已经停牌三天，紧接着阿里巴巴在官方微博发出消息：阿里、苏宁将达成战略合作，阿里将以283亿人民币战略投资苏宁，成为其第二大股东；苏宁将以140亿人民币认购2780万阿里新发行的股份，双方将打通线上线下，全面提升效率，为中国及全球消费者提供更加完善的商业服务。

几个小时后在苏宁总部召开的发布会上，阿里、苏宁掌门人参与了双方的战略合作发布会，结束了人们多天来关于苏宁将站哪条队的猜想。关于苏宁和阿里的战略合作，众多业内人士纷纷发表评论文章，展开全民讨论。

（2）阿里巴巴与京东的合作

阿里巴巴自1999年推出第一个B2B企业交易网站开始，不断拓展其业务范围，现在已经形成了以网络零售为主的企业生态，在网络零售领域占据绝对优势。2017年淘宝"双十一"交易额达到1682.69亿元，这都显示出淘宝巨大的流量。

但是这种情况也在逐渐发生着变化，以京东商城为代表的自营商城利用其自营模式，迅速在家电3C领域抢占市场，并且凭借3C领域积累起来的口碑，在其他领域，其他电商也在迅速侵蚀着阿里的市场份额。

为应对京东的竞争，阿里巴巴采取了应对措施，如直接吸引第三方商家开设品牌旗舰店、专营店来提高商品的质量，提升平台品牌形象，与海尔、国美达成战略合作，提高天猫电器城中大家电的配送、安装、售后等服务质量。

（3）苏宁也急需开拓线上市场

在拓展线上渠道的同时，阿里还积极寻求线下渠道的合作。这个线下渠道就是苏宁，苏宁是一家传统的家电零售企业，拥有广大的线下市场和大量的线下消费者。苏宁是中国零售业最大的实体企业之一，一直占据着巨大的市场份额。这也是苏宁能够在竞争异常激烈的市场竞争中稳健发展的主要原因。

同时，苏宁迫于市场压力也在寻求线上渠道的合作，2008年对于所有家电行业来说是非常困难的时期。随着电子商务的发展，实体经营受到严重冲击，家电企业需要利用互联网来适应新的市场形势，实现转型与革新，来把握市场的新机会。

苏宁很快就意识到了这个问题，于是积极布局电子商务业务。先后与中国电信集团互联星空网站、京东合作，拥有了自己的电商平台，又与招商银行、新浪网合作打造网上支付平台，大力建设网上商城，从而构建了完善的线上线下营销体系。

打造自己的线上商城，使苏宁拥有了自身的优势，他们的连锁店现在是遍地开花，当实体连锁化后，网上商城的体系也就自然而然地形成了。由于网上店铺没有实体店面的店面租金、水电、人员工资等成本，其价格均优惠至少5%左右。所以，在网上购买苏宁同款的家电产品，与实体门店相比优惠不少。

鉴于此，双方一拍即合，苏宁开展线上营销后为实体经营带来了巨大的改变，最大的改变就是企业电子商务化速度加快，线下的产品线也得以延伸和拓展，产品价格进一步降低。

阿里巴巴与苏宁的合作表明，在电子商务时代，企业之间的关系已经不再是单纯的合作关系或者是单纯的竞争关系，而是全新的合作竞争关系，合作竞争又称为"协作型竞争""合竞"，用以表达一种既有竞争又有合作，在竞争中合作，在合作中竞争的行为，知识的共享性是合作的基础，合作竞争的思想在信息化和经济全球化的背景下产生。

在这样的环境里，企业"单打独斗"已经很难在市场竞争中占有一席之地，因此为了竞争必须合作。

8.3　金融行业：用资金驱动融资

从本质上讲，金融行业就是一场资本的游戏，如果把金融比作一个人的话，那么资本就是它的血脉和血液。资本是否充足，运作是否良性，时刻影响着金融行业的健康发展。然而，近年来，受经济下行压力、优质投资项目稀缺等的影响，"资本寒冬论"在金融业甚嚣尘上，让金融创业者望而生畏。这也导致近年来投资金融类项目的投资者越来越少，越来越谨慎。相应地，金融初创企业获得融资的难度也就越来越大。

为了更好地融资，获得更多资金，金融性的企业或网络平台可以邀请投资人成为合伙人，以获得大笔融资，拓展客户群，扩大自己的业务范围。

案例3

某网络平台立足于金融产业链资源，以优质、安全的项目赢得了广大投资人的信赖。上线仅半年，投资总额已近6亿元，成长速度远超同类平台。

为了更好地为广大投资人带来利益，该平台推出了"推广大使计划"，鼓励用户将平台推广给身边好友，并赚取一定的奖励回报。活动一经推出，反响热烈，成千上万的用户纷纷化身"金融推广大使"，短时间内邀请了15000余名新用户。这些用户可以加入该金融平台，成为该平台的新合伙人，享受一定的利益回报。此次邀请投资总额近8000万元，平台成交总额也突破5亿元大关。

除了网络金融平台外，国企金融企业也采用了合伙的形式积极募资、融资。不过大多采用的是内部合伙的形式——招募员工合作人。先让核心员工成为自己的合伙人，然后，从内到外慢慢地覆盖更多的职员。

实行内部合伙可以最大限度地解决两大问题，一是资金风险，二是人才的非正常流动。

案例 4

2015年4月，招商银行宣布拟推出60亿元的员工持股计划，8500名员工将被激励。这也是继民生银行、中国平安银行推出员工持股计划之后，又一家推出渐进式、广泛参与的员工持股计划的银行。

在此次合伙制改革中，招商银行董事会审议通过以非公开发行股票的方式实施员工持股计划的预案，拟发行不超过43478.2608万的A股普通股，募集资金不超过60亿元人民币，扣除发行费用后全部用于补充核心一级资本。该员工持股计划的对象为董事、监事、高级管理人员、中层干部、骨干员工等，人数不超过8500人，以现金认购。

从公告来看，本次计划拟发行的股份仅占招商银行现有总股本的约1.7%，对总股本的摊薄效应较小，但对骨干员工的覆盖面却较广，激励作用也比较明显。同时，本次计划认购的价格高于每股净资产约10%，这与此前其他银行低于每股净资产的定增价格形成了鲜明对比。可以看出，招行对未来的前景非常看好。再结合本次非公开发行股份集中起来以资产管理计划的方式管理，不难看出这实际上是一个招行版本的员工合伙人制度。

金融行业的合伙人制度，对其补充资金、减少资金风险、人才流失都有很大的作用。

（1）稳定内部团队

招行的员工持股计划，可以促使员工的收入与公司利益和股价高度绑定，有效避免过度短期化行为，提升整个招行内部团队的凝聚力。

（2）补充资金资本

这次招行股权激励的方式需要员工以现金认购，这就等于给招行又增添了一笔可观的现金，可以补充招行的核心资本。众所周知，原来银行补充资本是"向市场要钱"，吸引大众的存款，而现在则转变为"员工自己出钱"。

（3）抵御"野蛮"作风

2014年，安邦多次强势增持，已渐渐威胁到招商局的大股东地位。虽然招商局第一大股东的地位还算稳定，招行也一再强调安邦是财务投资，但以安邦入股民生银行的那种"野蛮"作风，招行仍有后顾之忧。而实行合伙制之后，员工持股计划会摊薄现有股东的持股比例，增加招行股本。

8.4 零售行业：直营变加盟

直营和加盟不仅是在企业的隶属关系上存在着差异，更重要的是它代表着企业体制上的一种革新，直营仍属于传统的雇佣模式，而加盟则带有了合伙人的味道。

直营，长期以来一直是零售行业生存和发展的主要模式，但近些年由于受自营店设立成本高、经济下行、行业低迷的影响，大多数企业开始改变策略，转直营为加盟，因此，招商加盟成了拓展市场的主要手段。尤其是较有实力的品牌性企业，通过提高渠道自控能力实现了以较少的投资，换取营销渠道上的可控力和竞争力。

> **案例5**
>
> 早在2007年，上海的一家零售企业——快客决定把经营数年的直营门店转型为加盟店，规定无论是内部员工，还是外部社会人士，只要投资8万元就可成为加盟店。
>
> 这一举措当时在行业内尚属首次，大大增强了其整体盈利能力。据快客便利总经理蔡立仁介绍：企业准备拟推出70家直营"熟店"转型为加盟店，争取到年底使快客便利的加盟店占门店总数的60%。

从根本上讲，加盟就是加盟商与企业的合伙，可实现资金、品牌、产品和服务的对等交换。因其具有较强的操作性和复制性，发展速度非常快，深受零售企业的青睐。据业内人士介绍，在国际上零售行业直营店比例仅为5%，加盟店比例高达95%。

某零售连锁企业，经过十余年的发展现已拥有超过1000家门店。该企业门店绝大多数采用个体工商户形式，但总部对各门店实行全方位管控，包括为各门店选址、委派店长、决定店内具体服装品类及数量等。

从实际经营关系上看，该企业总部与门店不是典型的直营关系。起初，这种模式对企业的发展极为有利，采取这样的模式：一方面，通过总部全面管理的方式，更有利于控制各门店的经营活动，确保贯彻总部的经营战略；另一方面，门店采用个体工商户形式可最大限度地减轻门店税收负担。

这样的模式看上去很美，然而仅仅是看上去很美。自2015年以来，该公司接连宣布出售其直营业务，并将京津等地的多家直营门店以加盟的形式转让出去。另外，在其他地区的直营店也有类似的现象，这意味着该企业正在逐步退出直营市场，向加盟进军。

以往很多企业，尤其是具有较大影响力的品牌企业每到一处，都会花巨资抢夺当地的直营权。如今则恰恰相反，转而招代理商加盟。为何有如此大的转变呢？这里有主动为之，也有形势所迫。在传统产业纷纷"互联网+"的浪潮下，很多企业资金链断裂，周转出现困难。在这样的情况下必须降低经营成本，将直营门店转为加盟连锁门店，以降低公司财务风险和经营风险。

在加盟模式下，该企业一方面降低了在门店租金、门店员工工资等方面的运营成本；另一方面通过对商品批发收入及各种形式的加盟相关费用的设计，在总部与加盟门店之间建立起有效的"损益防火墙"。总部与各门店之间从法律关系、日常经营两方面看都相互独立，税务机关不再从"实质重于形式"的角度质疑企业，企业既增强了自身的合规性，同时加盟门店依旧可以享受个体工商户核定税率带来的优惠。

同时，加盟连锁模式可以最大限度地调动加盟门店员工的工作积极性，最大限度地发掘门店的经营潜力，企业亦可灵活管理，助力那些地段好、管理能力强的门店做大做强，并逐步调整一些地段差、管理能力弱的门店。同时建议向第三方开放加盟，增加企业发展资金的来源，实现门店数量增长和企业规模的扩大。

通过上述案例，不难看出其实只要通过科学、合理的设计，企业既可以"锁"住加盟商，又能有效地实现规模发展。零售企业经过多年的发展，招商加盟的诸多条件已经发生改变，从单一的门店选址发展到整体形象的提升，都代表着行业发展的每一个跨越。据此，零售生产厂家也应该积极前瞻部署，主动掌控渠道变阵的有利因素，在变幻莫测的市场中取得先机，提升企业整体营销管控能力水平，锻炼企业内功，加大融资能力，这也是零售企业获取长远发展的必要前提。

那么，企业该如何实现直营向加盟的转变呢？其实，实现加盟形式的转变并不意味着要"一切推倒重来"，而是在现有的架构下，以最低的投入实现经营模式的升级。具体来讲，包括八个方面，如图8-2所示。

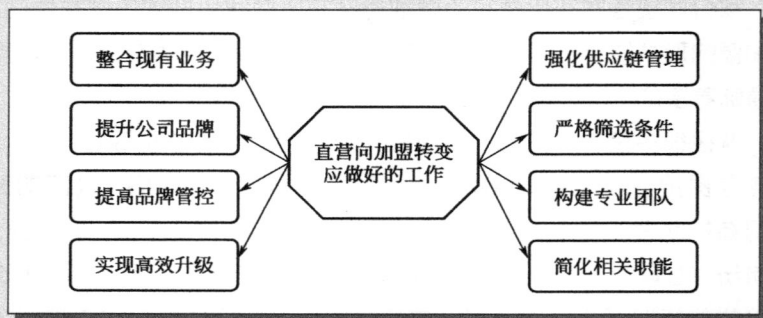

图8-2 直营向加盟转变应做好的工作

在合伙企业林立的今天，加盟或将成零售行业走向合伙的主导营销模式。很多零售企业已经认识到直营渠道的布局所带来的高成本，容易对企业自身的发展带来沉重的负担。一个零售企业要想在直营方面取得成功，自身的综合实力才是关键，包括资金、人员、服务、管理、物流等，每一个环节的运行不畅，都有可能导致企业动脉瘫痪。一旦这些配备跟不上，就必须寻求成本更低、风险更可控的加盟（合伙）制。因此，在品牌企业群雄对峙的今天，大部分人都越来越认同这种营销思路的发展变化。

加盟与直营的比重，折射出企业实力在营销管理、综合竞争力等方面的较量，对企业的发展极为有利，这种有利性主要表现在两个层面。

（1）激活经营体制

很多零售企业开始采取承包、内加盟的方式，大大提高了门店的经营活力。现在已经有很多零售品牌，尤其是便利店大范围采取加盟的方式。

以近几年上海的便利市场为例，便利加盟店比例已达30%，其中大部分为职工"内加盟"加盟店；好德便利专门成立了加盟部，目前主要负责实施门店的"合伙合作承包经营制"改革，为推进门店加盟奠定了扎实的基础；快客便利加盟步子走得较快，仅上海地区的加盟店已达600多家，其比例已经达到了50%；合资品牌罗森便利，在取得了我国的经营权后大大加快了推进加盟店的步伐，其加盟店已有300家，比例已经达到总店面数的2/3。

（2）加大盈利面

直营转加盟能够大大增强零售公司总部的盈利能力。据业内人士分析，事实上零售直营店的经营成本远远高于加盟店。

例如，直营店每年上缴的税收要比加盟店高出五六万元；由于直营店租赁门店需要正规的发票，因此直营店往往要承担房东转嫁的租赁总额的17%～30%不等的租赁税；直营店正规的用工制度每年给每一位员工缴纳的"五险一金"至少在5000元以上；直营店的机制决定了其不可能拥有加盟店"为自己"的活力等。

然而，目前进入中国便利店市场的外资便利店公司因为发展门店的速度不快，特别是发展加盟店的速度不尽如人意，因此，大体上多处于亏损阶段。

据行家披露，目前已经实现整体盈利的便利店公司中的直营店单店有50%左右是亏损的。而加盟店的亏损比例则比直营店小得多，例如，快客便利的加盟店每年的关店率均未超过5%，说明快客便利95%的加盟店盈利，或者还具有盈利前景。

8.5 影视行业：多元化大势所趋

影视剧本质上是文艺的一部分，但在这个商业社会，为追求高额利润也开始了一系列的商业化运作。因此，品牌影响力的打造、盈利模式的创新，以及衍生品的开发等都变得十分重要，只有不断地优化，不断地投入更多的资金、人力、物力，才能最终实现升级。

这就是影视合伙产生的背景，尤其是随着影视制作成本越来越高，制作一部影视剧仅靠制作、出品单位的力量是远远不够的，必须在多个层面寻找合伙人，实现多元化的合作。

影视行业多元化合伙的内容如图8-3所示。

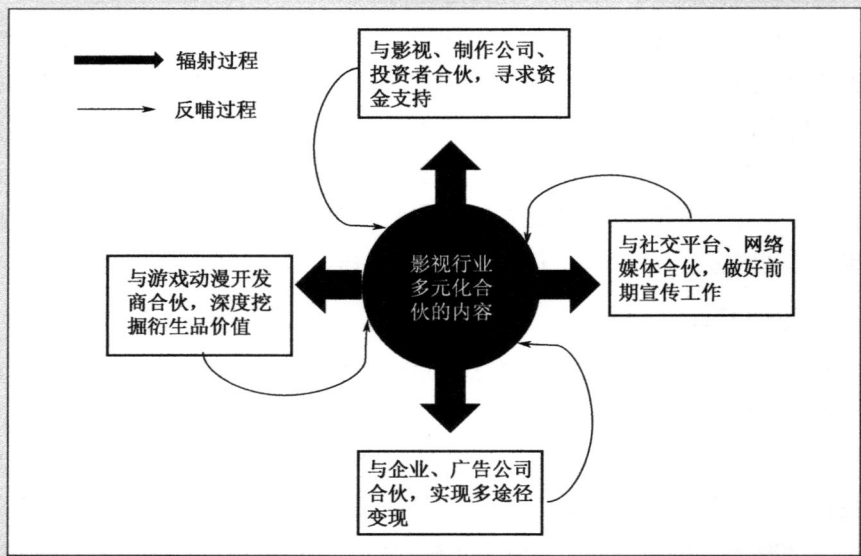

图8-3 影视行业多元化合伙的内容

　　传统观念中，一部影视剧从筹备到拍摄再到发行，似乎与社会资本很难产生什么交集，但"互联网＋"时代的到来让这种屏障逐渐消失，很多影视剧中开始出现社会资本的身影。

案例7

　　2015年年底，来自杭州的嘉实金融信息服务有限公司（简称"嘉实金服"）与奥映国际集团有限公司（简称"奥映国际"）、时尚星光（北京）传媒股份有限公司（简称"时尚星光"）在北京签署三方战略合伙协议，三方宣布将发挥各自的优势，在影视制作、传媒传播、金融工具等方面形成合力，共同推进三位一体的新型影视项目发展模式。

　　在这次合作中，三方的分工十分明确：奥映国际负责影片的报批、摄制、发行及宣传等工作；时尚星光将对影片进行投资，发挥传媒专长，在宣发等环节给予大力支持；嘉实金服则利用自己的金融专业优势，为影片量身定制金融产品，并在自身的互联网金融平台——"嘉石榴"中进行推广。

　　一部影视剧在从拍摄到制作的运营过程中，分工协作很关键，可以说没有各方的合作就不会有IP的最终形成。尤其是对那些爆款IP，都是各方合作的结果。

提起《蜘蛛侠》，很多人第一时间想到的是一部好莱坞大片，的确，大多数人熟知"蜘蛛侠"这个名字就是从好莱坞影片开始的。但在被拍摄成影片之前，《蜘蛛侠》就已经有了，只不过是以漫画的形式出现的。

20世纪60年代，《蜘蛛侠》漫画已经形成，出现在1962年的最后一期《神奇的幻想》（Amazing Fantasy）漫画书中，但是当时的知名度仅限于漫画圈。1963年3月，由于《蜘蛛侠》取得了巨大成功，《神奇的幻想》被更名为《神奇的蜘蛛侠》。

而后，它的影响力是在漫威的打造下逐步梳理起来的，在接下来的60多年里，爆款团队在杰克·科比的带领下，给《蜘蛛侠》加入了更多社会化的内容和创意，后来这部漫画在销量上呈现出直线上升的态势，成为当时最受欢迎的漫画之一，影响了一大批年轻人。

另外，一些大的IP影视剧会通过与实体企业、品牌的合作来实现多元化的变现。如电影《阿凡达》火爆一时，成为当时票房收入最高的电影之一。除了高额的电影票房外，制作方还扩大了它的盈利点，与餐饮巨头麦当劳合作，将影片中的人物形象做成玩具，推出了以电影人物角色为原型的玩具：苏杰克、奈蒂莉、迅雷翼兽、灵鸟等。创造了非常好的社会效益和经济效益，尤其是儿童的积极追捧，很多孩子在麦当劳用餐的同时也会购买这样一款玩具。

除了与麦当劳合作外，可口可乐也是《阿凡达》的合作对象，《阿凡达》针对可口可乐启动了一个"阿凡达计划"，推出了"阿凡达"版的易拉罐可口可乐饮料、杯子，以及相关的礼品，同样也吸引了很多消费者的青睐。

类似的还有很多，如电影《小时代》与联想电脑的合作也是同样的思路。两者的合作——《小时代》"刺金时代"平板电脑产品俘虏了大量《小时代》粉丝和联想用户的心。

在影视剧行业，这是一种全新的变现模式，通过与实体企业、大品牌的合作，借助大品牌的影响力和粉丝群，实现价值外延。尽管这种模式还不是一种成熟、稳定的方式，但不可否认其带动了非常大的产能价值及收益空间，也是内容变现的最好途径。

值得注意的是，与大企业、品牌合作的关键点在于，寻求的合作方是否有一定的市场号召力和较大的影响力，否则很难带动IP的口碑和传播。

当前的IP市场，最大的一个症结就是种类很多，但真正站稳脚跟、能持续输出的寥寥无几。绝大部分都是转瞬即逝，今天生，明天死，投资商花大量人力、物力、财力打造的一个IP，上市之后也只能火一阵儿，然后就无声无息地淹没在市场洪流中。

为了延长IP的生命线，使其长久地存活于市场，很多商家想了一个办法，那就是要系统化运作，与多方合伙，围绕一个影视剧本身进行二次开发和深度挖掘，开发周边产品和衍生品。从而建立起一个与源IP相关联的链条、生态圈，持久地去影响大众。

第9章

案例赏析：名企如何做合伙

合伙企业中有很多国内外大企业、500强企业走在了最前面，他们做得不仅很成功，还各有特色。这也为中小企业走合伙之路树立了典范。本节摘选了6个国内外著名企业的合伙案例，有世界500强，也有国内名企，有新型行业，也有传统企业，简要阐述了它们在合伙时做得比较有特色的地方，并做了剖析，有助于广大中小合伙企业学习和借鉴。

9.1 小米：不要会议室，只要"米聊群"

开会，是企业日常管理工作中的一项重要内容，部门会议、营销会议、业务会议、绩效会议、协调会议、视讯会议、跨部门合作会议……，各式各样的会议，让人分身乏术、开到疲惫。大大小小的会议在大多数公司里也司空见惯。套句法国文豪巴尔扎克（Honore de Balzac）的名言："我不在咖啡馆，就在前往咖啡馆的路上。"对多数企业领导、职业经理人来说，真正的工作写照是："我不在开会，就是在前往开会的路上。"

然而，开会的效果怎么样呢？根据研究调查显示，一星期中，平均有一半的时间是耗在开会上，而70%的会议是无效的。管理大师彼得·德鲁克（Peter F. Drucker）指出，要做一位有效的管理者，很重要的一件事是：不开无效的会议。他强调，如果开会没有效果，就是浪费时间。

事实也是这样，对于开会，不是所有与会者都欢迎，大多数人对开会的印象是这样的：

会议主持者：就各方提出的问题做重复的总结，机械的回应。

高管：不管前一天工作到多晚，哪怕晚上两三点钟才结束，第二天一早8点钟也必须准时坐到会议室里面。开会时都会带上一个活页笔记本，虽然记载了会议讨论的问题，但真正领会的并不多。

基层员工：莫名其妙就被叫去开会了，然后听得稀里糊涂就犯困了，最后领一个压力山大的任务后会就收场了。

然而，关于开会这件事情，小米CEO雷军最特别，因为他不喜欢开会，以致小米没有会议室，各部门负责人基本不会聚在一起开会。

2014年，雷军在某创新大会上就说："我希望小米是一家小公司……所以我们办了一个不洗脑、不开会、没有KPI、不需要打卡的公司，我们一年365天只开了昨天上午三个小时的会，我最烦开会了。"

正是雷军的这种想法，小米颠覆了传统企业中无休止的会议制度。平时，基本上不开会，有什么事儿就在米聊群里解决了，甚至连报销这种事情也能在米聊里完成……

雷军很少开会，却能将公司的各种事情打理得井井有条，创造出自成立以来的独一无二的"小米速度"，在互联网浪潮中，小米是个特殊的存在。这家成立于2010年4月的新型互联网企业，是一家专注于智能产品自主研发的公司，短短几年间创造了很多神话。

不仅是因为业务量的快速增长、爆炸式的崛起之势，在业界的地位日益重要等，还因为所做的事和做事的风格、流程，甚至气质都是开创性的。

其实，这正是小米在企业管理模式上善于创新的结果，小米初创时就采取了一种独一无二的制度——合伙人制度。小米公司是由7个联合创始人共同缔造的，由雷军创办，担任董事长兼CEO，另有6名联合创始人，联合创始人总裁林斌，联合创始及副总裁黎万强、周光平、黄江吉、刘德、洪锋等，分别来自不同企业、不同领域，如微软、谷歌、摩托罗拉等。这7名合伙人都是行业的顶尖人才，他们合为一个团队后各司其职，互为补充，形成了一个以董事长兼CEO雷军与总裁林斌为双核心，其他5个为联合合伙人的主要框架经营模式。

除了雷军、林斌这两个双核心之外，其他5人可以说是各有所长，各自负责自己最擅长的工作。其中，周光平长于硬件、刘德长于工业设计、黎万强长于用户界面和人机交互、黄江吉长于软件工程、洪锋长于移动互联网应用研发和产品设计。在小米这个相对宽松、自由的工作平台上，自己的聪明才智得到了最大限度的发挥，各个合伙人之间形成了一个完美的链条。

9.2 阿里巴巴：实行特殊的合伙人制度

2017年初，一则题为《阿里巴巴合伙人来了两个"80后"》的新闻传遍了朋友圈。原来，是阿里巴巴集团宣布新增四位合伙人，其中有两位是蚂蚁金服平台数据事业群研究员胡喜、天猫事业部产品技术部研究员吴泽明，为"80后"。这标志着，一是阿里巴巴合伙人总人数的增加（增至36人）；二是阿里巴巴的合伙人正在趋于年轻化，"70后""80后"合伙人已经超过总数的80%。

阿里巴巴合伙人制度的正式提出是在2013年，这与其在香港上市有着必然的联系。

2013年8月，阿里巴巴集团准备在香港上市，曾向香港联交所提交了一份上市计划，创新性地提出了将引入合伙人制度。据内部人士分析，这一制度可保证阿里巴巴的管理层免受投资者的压力，最大限度地获取短线利润。同时，由于互联网行业瞬息万变，因此，合伙人制度大大保证了运营发展的决策权，还可以预防因管理层频繁变动带来的风险。

不过，这次阿里巴巴的意见并没有被采纳，即使阿里巴巴在香港上市对港交所是巨大诱惑，香港联交所仍对阿里巴巴的合伙人制度坚决地说"不"，并且认为，持股10%左右的阿里巴巴管理层通过合伙人制度控制公司，违反了同股同权原则，不利于对投资者的公平保护。对此，马云回应"我们不在乎在哪里上市，但我们在乎我们上市的地方，必须支持这种开放、创新、承担责任和推崇长期发展的文化"，而后毅然转道美国上市。

时隔一年，即2014年9月8日，阿里巴巴集团在美国纽约华尔道夫酒店开始上市。按照计划，阿里巴巴将于十天后完成路演，19日正式挂牌交易，届时有望成为全球资本市场上融资规模最大的IPO。在美国上市后，除了超高的人气、亮丽的数据、无限的预期外，最具争议性与话题性的，仍是与众不同的"合伙人制度"。

阿里巴巴的合伙人制度，用马云自己的话说，就是"建立的不是一个利益集团，更不是为了好控制这家公司的权力机构，而是企业内在动力机制"。"阿里巴巴合伙人"是一种特殊身份，与法律意义上的"普通合伙人"有着本质上的区别。我国法律对"合伙人"有明确的定义，即在中国或其他主要国家的《合伙企业法》中，合伙人是指共同出资、共同管理企业，并对企业债务承担无限连带责任的人。也就是说，合伙人既是企业的所有者，也是企业的管理者，还是企业债务和责任不可推卸的责任人。

阿里巴巴合伙人是有其特殊性的，集中表现在以下四点。

（1）阿里巴巴合伙人不等同于股东

根据阿里巴巴集团在招股说明书中的描述可以发现，阿里巴巴合伙人的身份并不等同于股东，尽管阿里巴巴合伙人也持有公司一定数额的股份，但是要在60岁退休时或在离开阿里巴巴时才有，这与只要持有公司股份就能保持股东身份的合伙人不同。

（2）阿里巴巴的合伙人身份也不等同于公司董事

按照招股说明书的规定，阿里巴巴集团内部，董事会拥有极高的权力，而阿里巴巴合伙人会议并没有取代董事会来管理公司，主要权力是董事会成员候选人的提名权。也就是说，合伙人拥有人事控制权，而非公司运营的直接管理权。

（3）不需要承担无限连带责任

同时，阿里巴巴的合伙人不需要承担无限连带责任。阿里巴巴合伙人的职责是体现和推广阿里巴巴的使命、愿景和价值观。至于财产经济责任，合伙人不是对等的，也就是说，阿里巴巴合伙人履职的责任主要是精神和身份层面的，没有具体财产赔偿责任。

（4）具有提名权而不具有决定权

最具有特色的是"董事提名权"，阿里巴巴的合伙人到底有什么权力？其实就是拥有提名简单多数（50%以上）董事会成员候选人的专有权。阿里巴巴的合伙人拥有的仅仅是董事的提名权，而非决定权。根据阿里巴巴的官方资料，虽然合伙人提名的董事，需要得到年度股东大会半数以上的赞同票，才能当选为董事会成员，但是如果阿里巴巴合伙人提名的候选人没有被股东选中，或选中后因任何原因离开董事会，则阿里巴巴合伙人有权指定临时过渡董事来填补空缺，直到下届年度股东大会召开。

不仅如此，阿里巴巴的最新招股说明书还阐明：在任何时间，不论因任何原因，当董事会成员人数少于阿里巴巴合伙人所提名的简单多数时，阿里巴巴合伙人有权指定不足的董事会成员，以保证董事会成员中简单多数是由合伙人提名。

可见，在阿里巴巴集团无论合伙人提名的董事，股东会是否同意，合伙人总能让自己人行使董事的权利。实质上，阿里巴巴的合伙人已经通过上述程序实际控制了公司半数以上的董事。

正因为有如此特殊的合伙人制度，阿里巴巴才有如此旺盛的生命力。据业内人士分析，阿里巴巴的合伙人制度如果能得以延续，那将能最大程度上令阿里巴巴在这个企业保持独特的文化和价值观，对未来的长期发展是一大利好。事实也是这样，阿里巴巴多年以来一直坚持称要成为一家生态公司，在电子商务领域持续下沉，以使自身成为电商的"基础设施"，而与电商有关的各种产业都由社会化大分工来完成。

为此，阿里巴巴数次调整企业架构，试图建立生态化的组织思想和文化。如2015年年初，阿里巴巴将公司调整成立25个事业部，分别由各事业部总裁（总经理）负责。

9.3 万科：推动职业经理人向事业合伙人转变

在传统企业"互联网化"的过程中，万科真正做到了从思想上改造自己，这是对源头的改造，是彻底的改造。具体的方案就是消灭职业经理人，打造"事业合伙人"制度。

职业经理人是传统企业中一种重要的用人模式，通常是企业高层管理的中坚人才。全面负责企业的经营管理活动，承担着增加企业经济收入、财产保值增值的责任，对法人财产拥有绝对经营权和管理权，在相当长的一段时期内，对企业的发展起着重要的支撑作用。

尽管职业经理人承担的很多，能力很出众，但他们与企业的关系仍是被雇佣和雇佣的关系，完全隶属于企业领导层、决策层。因此，职业经理人可以共创、共享，但缺乏共担的意识和精神。简单地说就是高级打工者，企业发展顺利时可以创业、干事、共富贵，但很少能共患难，尤其是一旦企业遭遇巨大的行业风险，职业经理人则难以依靠。因为大多数职业经理人头脑中有着根深蒂固的观念：我只是"打工的"。在这种传统里，工作就像走流程一样，讲究的是边界清晰、权责分明、责任到位，员工不会无限期地为企业付出，一个部门也不会关心另外一个部门的事情。即使少数责任感、使命感十分强的员工，鉴于与企业的雇佣关系，危难之际也存在"危机时期的离心现象"。

职业经理人制度导致专业主义盛行，从而阻碍了企业的发展。此时，另一种制度取而代之，即事业合伙人，事业合伙人兼具了职业经理人角色和风险共担的功能，如图9-1所示。

图9-1 万科的合伙制度模式

阿里巴巴、腾讯、华为，以及国外的黑石、凯雷等企业都已经开始实行合伙制，万科作为传统企业的代表也在不断寻求转型。对此，万科总裁郁亮感触颇深，他在先后拜访国内外多家新兴企业后，发现阿里巴巴、腾讯、小米这样的互联网企业，看似管理混乱，但效率极高，以及不同部门的相互投资渗透。从此，越发相信"混乱会产生秩序，而稳定则带来死亡"，尤其是对小米模式的推崇。他在面对万科部门与部门之间互不信任、极少配合的现象时，曾专门提到小米的特例，"假如一个做电源的部门也投资了小米盒子的项目，这个电源部门就会非常关心这个电视项目，主动为这个项目做配合性的工作。"

对于传统企业来讲，走合伙人的道路并非像新型企业那样容易，因为在传统内部已经形成了比较稳固的、完善的职业经理人制度。现在向合伙企业学习走合伙人模式，不是推倒重来，而是要在原有的基础上，利用原有的资源优势寻求转型。职业经理人不仅拥有股票，也拥有内在的项目，甚至企业可以作为一个内部孵化平台，让职业经理人变成一个内部的创业者。

这种情况，在国外同样存在不少，如硅谷的创业家们、华尔街的新金融家们其实也大多是职业经理人身份，为适应发展，都在积极推动职业经理人制度向更融合的"利益相关者"转变。

万科的做法是打造"事业合伙人"，通过股票跟投和项目跟投的方式，将"打工者"（职业经理人）变成"自己人"。

所谓"跟投"，是指职业经理人对所做项目、合作企业，用自己的真金白银投进去，给出一个"愿意捆绑在一起"的承诺，同时可享受工作收益（薪资）、项目收益（项目跟投分红）和股权收益（股票分红）。其实，这样一来，职业经理人的身份就随着利益的转变发生了变化，成为合伙人，成为公司的一部分。当利益有了捆绑，然后在新机制驱动下就有可能打破原来的职业经理人的科层化、责权化和专业化的窠臼，从金字塔式的组织机构转变为扁平化结构。

> **万科的职业经理人跟投制度**
>
> 跟投制是强制性规定，万科一线公司的核心经营管理团队和项目操盘团队是必须参与跟投的，起投资金一般不少于20万元，项目层面所有参与者必须跟投，起投资金不少于5万元。万科几乎所有的一线公司员工，九成以上都参与了跟投，项目经理一年跟投收益有时会超过百万元。
>
> 万科跟投制收益率和分红非常可观。
>
> 万科员工的跟投项目收益一般设定为20%的回报率，万科首席人力资源官陈玮透露，截至2015年8月，万科一线人员累计跟投92个项目，共有2.7万人申请跟投，其中6600人申请成功，认购资金达17亿元，累计为员工分红5亿元，员工收益率达29.4%，其中一线城市跟投回报率甚至达到70%。

在这种思路下，万科迎来了新的转变，由过去一家金字塔结构的传统企业，逐步向互联网化的中心化结构、扁平化管理转变。后来郁亮又在"事业合伙人"的基础上继续深化，提出了"事业合伙人2.0或者3.0版本"，未来还计划将项目跟投扩大化，将产业链上下游也变成合作伙伴，建立新型房地产生态系统。在他的设想中，如果施工单位也成为事业合伙人，偷工减料的问题就能从根源上得到杜绝，工程质量也会得到保证。房地产本身是个资金密集型行业，如果买地时资金方面引入合伙人制度，成本也能大大减轻。

万科的转型为什么会成功？"首先是信任文化，合伙人制度要有'背靠背的信任'。其次是建立协同性，基于利益的一致才有互相支持配合的协同性。有了这些，万科才可以超越短期绩效，向成为健康组织的方向靠拢。"

9.4 华为：实行获得分享制，促使利益机制变革

利益机制的变革最容易引起企业的动荡，尤其是人才的流失，优秀人才永远都是企业最宝贵的资源，也是企业与企业竞争的焦点。因此，利益激励的变革做法不当就会使优秀人才渐渐远去，给企业造成难以估量的损失。从这个角度来看，利益的分配方式从根本上决定着企业的生存与发展。

华为的转型正是从利益机制变革做起的，华为的利益机制实行的是获得分享制。获取分享制标志着已经由雇佣制向合伙制转型。之所以这么说，是因为这一制度牢牢抓住了合伙人的心，不仅体现了"以客户为中心，以奋斗者为本"的企业文化，也为企业的不断发展奠定了坚实的人才基础。

关于华为的"获取分享制"，最初被提出是在2011年的一次高管内部讨论会上，第二次是任正非在人力资源工作汇报会上的讲话中。

"获取分享制"这一机制产生的背景源于传统企业中高管、中层和基层之间的利益分享不均。任正非认为，我们不仅要重视金字塔塔尖那部分人的利益，还要重视金字塔基座那部分人的利益，甚至每一个角落的人都要关注到。从事基础性工作的员工应该有社会可比性的收入待遇，如果总是拉高顶端，容易产生内部矛盾。因此，在华为决不允许形成两个对立的群体，而是要保证所有人都能分享到公司未来的收益，尤其是优秀的基层员工，基层员工也有权获得社会可比性的薪酬竞争力。只有这样才能形成更强大的战斗力，万众一心，实现整体效益的提升。

华为"获取分享制"是指任何组织、个人的物质回报都来自于其创造的价值和业绩，作战部门（团队）根据经营结果获取奖金，后台支撑部门（团队）通过为作战部门提供服务分享奖金。按照任正非的话说，"获取分享制有以下特点：要有包容性而不是压榨性，要包容客户、员工的利益，也要包容资本的利益，包容各种要素（如知识产权）的利益，这个机制就能永久生存下来"。

从上述这段话中可以看出，华为获取分享制的目的和精髓，是价值的再分配，是劳动和资本的合伙，具体表现就是员工持股（员工持股计划属于一种特殊的分享机制，是为了吸引、保留和激励公司员工，通过让员工持有股票，使员工享有剩余索取权的利益分享机制和拥有经营决策权的参与机制）。分配方式是通过设置劳动所得（包括TUP、工资、奖金、福利等收入）与资本投入所得（指虚拟受限股收入的分配比例来实现，具体的计算方法需要根据企业的实际情况而定）。

具体计算方法如表9-1所示。

表9-1　三种利益分享具体的计算方法

第一种：固定比例法
即公司根据成功达到目标的情况决定一个百分比，把这一百分比的税前或税后年利润作为利润分享的奖金。
第二种：比例升级法
例如，公司可以决定，800万美元以内的利润，3%用于利润分享；超过800万美元的利润，6%用于利润分享。比例升级法的好处在于可以通过增加分享金额的办法，激励员工为超额利润目标而努力。
第三种：获利界限法
是指只有在利润超过事先定好的最低标准并且低于最高标准时才进行利润分享。公司建立最低标准是为了在把利润分给员工之前保证公司对股东的回报。建立最高标准是为公司创造超过该标准的利润的因素不是员工生产力或创造力，而是诸如技术革新这类因素

其实，获取分享制并不是华为独创，早先碧桂园推行的"成就共享"机制也是类似的做法：采取超额利润分享制，设定占用集团资本回报率，要求超额部分的相当比例归业务团队所有。

那么，我们该如何理解"获得分享制"这一制度呢？可以从以下四个层面入手：

① 强化后台对前台一线的支撑力度，加强前后台岗位配合和流程的效率提升，实现前后台业绩挂钩；

② 增加薪酬弹性，将员工利益与个人价值实现和贡献产出合理衔接，提高激励的有效性；

③ 体现公司整体以客户需求的满足和客户体验的达成为导向；

④ 实行"自下而上"的物质激励方式，倾向对基层业务单元的直接激励。

"获取分享制"的优缺点也十分突出，优点是有利于员工和公司双方。缺点是如果利润分享计划占直接薪酬的比例较大时，员工很难预测自己的收入，可能削弱员工的经济保障。对公司而言，可能造成人才流失。

9.5 高盛：引领考核激励，管理独特高效

高盛是华尔街最后一家保留合伙制的投资银行。尽管1998年合伙人会议决议将高盛公司改组成股份有限公司，但合伙制度在高盛的经营管理过程中依然发挥着至关重要的作用。传统投行的合伙人精神、文化和现代公司制治理结构在高盛集团实现了完美结合，较为妥善地解决了股份制伴随所有权与经营权的分离而产生的公司治理问题。

合伙人制度的存在不但没有造成因为引入股份制而带来业内精英的流失，而且还形成了一种独特、稳定而有效的管理架构，从而使得上市后的高盛依然保持着强大的竞争力。

长期以来高盛的管理结构中没有严格的分层，一个合伙人经常身兼数职。高盛公司内部简洁的人员结构可以保证高管层的良性竞争，保证了好主意能够被最高层听取。每个人都可以充分地表达自己的观点及建议。虽然高盛已经结束了合伙制经营，但它却将合伙文化中敏感的风险防范意识很好地继承了下来。问责制、风险评估管理等相互监督、相互制衡的决策流程确保了对于潜在风险全面客观的认识。

高盛合伙人制度所具有的优势对股份制管理形成了有效补充：一是吸引优秀人才长期稳定为之工作；二是高级管理人员具有高风险意识与强责任意识；三是避免薪酬攀比以及由之带来的内耗。

高盛上市之后，它仍保留着合伙制的一些特点，例如，合伙人仍然持有公司大量股份，并依据自己积累的客户资源继续为公司服务等。上市后高盛的合伙人数量一直保持在员工总数的1.5%左右（2014年年底的合伙人数量为467名），每两年更新1/4到1/3。

高盛每两年会进行一次"合伙人才库"的选拔。选拔将以员工的商业贡献与文化适应性作为主要评选标准。成为合伙人才库的会员不但享有优越的红利，而且还能把获得的报酬投资于公司私营交易，并以低于市价的折扣买进高盛股票。合伙人头衔并不附带任何明确的责任，但通常可以得到加薪，并参加一个特别的合伙人奖金池的分配。

高盛的组织结构特征具体如表9-2所示，合伙人在员工总数中的比例如图9-2所示。

表9-2 高盛集团组织结构特征

治理结构	特征
股权结构	股权高度分散，集中度低，但具有较强的流动性
董事会结构	一般不设监事会，由董事会来执行监事的职责。董事会一般由内部董事和比例比较高的外部董事组成
激励结构	奖励手段多样化，以工资、奖金等作为短期激励手段，用股票期权等多种方式强化中长期激励
约束机制	主要通过审计委员会、信息纰漏制度和市场的监督来实施对管理层的监督

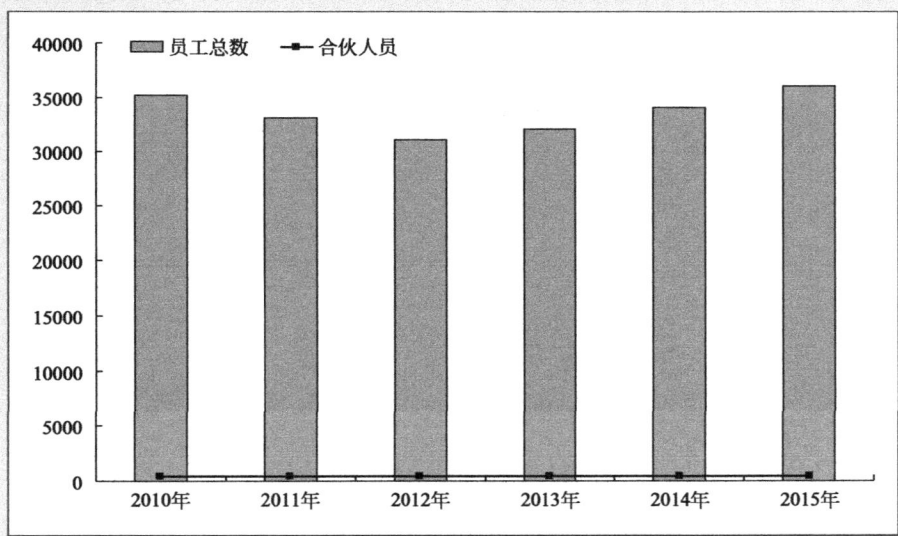

图9-2 合伙人在员工总数中的比例呈上升趋势

　　高盛集团内部实行董事会统一领导，决策权高度集中于董事会手中。公司决策权高度集中是高盛集团治理模式的显著特点，其中，顶层委员会在其中承担发挥着核心和枢纽作用，扁平化的委员会决策机制具有灵活高效的特点，能够很好地适应现代投资银行的业务规律。

　　管理层下设管理委员会、公司风险委员会、部门风险委员会、资本承诺委员会、信用政策委员会、创新产品评审委员会、操作风险委员会、财务委员会等各种委员会，各委员会起到了"核查和平衡"的重要作用。在管理程序上，最高层是以董事长（兼CEO）和首席运营官为首建立的一个由6个人组成的执行委员会，从全局上进行统筹管理，不代表任何特定部门的利益。

执行委员会的成员来自每一个部门，他们将介入整个公司的运营。同时，更多的合伙人将会清楚地了解公司的运营和长期战略。由于有更多的合伙人能够接触到上层的管理，所以公司的文化能够从领导者那里轻易地传递给更多人。

高盛集团管理架构继承并发扬了合伙制下扁平的组织结构和协作精神，最低级到最高级之间级别数量较少；高级管理人员可能同时担任某一个部门的主管，业务人员可以通过主管将意见、建议提交到公司的管理委员会审议。

截至2015年年底，高盛集团员工人数约为3.68万名，其中2/3以上的员工属于中后台员工，高盛集团深知，只有中后台强大才算真正强大。为此，高盛集团在中后台进行了大量投入。以IT为例，高盛的后台仅IT支持人员就占到员工总人数的约1/3，除此之外，还有大量的中台人员，以及身处前台的支持人员；高盛的IT部门甚至开发自己的算法和语言。

强大的中后台为前台的高效运转提供了有效保证。高盛迄今已经存在了近150年，之所以能够在大风大浪中屹立不倒，不仅是因为高盛的业务优秀，还因为高盛的中后台同样优秀，后台与前台一样强大，甚至比前台更强。

第10章

合伙创业过程中常见问题集锦

本章摘录了合伙人在创业和经营管理过程中可能遇到的十多个问题，虽然无法囊括全部，却是最核心、最典型、最常见的，是每个合伙人都需要知道的。问题与答案一一对应，清晰明确，以便读者速查速用。

10.1 合伙企业与股份制企业有什么不同?

合伙企业与股份制企业有很多相似之处,如都是两人或两人以上集合而创办的企业组织形式;都可以拥有企业股权,并享受其带来的权利。因此,很多初创业者往往会将两者混淆,从表面上看两者确实有很多相似之处,但内在运作机制上存在很多不同,两者的不同主要体现在以下五个方面。

(1)当事人承担的责任

合伙企业中,每个合伙人都对合伙企业的全部外债承担连带、无限责任。股份制企业一般指有限责任公司与股份有限公司,在有限责任公司与股份有限公司中,股东以出资额为限,对公司债务承担有限责任。

(2)利益分配时间、比例

合伙企业是事后分配,股份制企业是事前分配。合伙人之间通常只约定贡献的评估方式(一个方程式或者一个人为评估的步骤),在合作成果呈现后再计算具体数字;股份企业则要求在设立时、每次有新股东进入时即确定具体权利比例,然后开始合作。一旦合作中发现贡献被高估、低估,也只能协商修改。再者说利益分配比例也不一定相同。

(3)权利人资格

合伙人资格是不可转让、继承的,合伙人资格只是一个参与劳动,并根据劳动结果参与分配的资格,本身不能转让、继承。而股份制企业的股权拥有者资格是可以转让、出售,甚至世袭的。

(4)表决权

合伙人企业的表决权不同,合伙人在决策时往往一人一票,利益通常按照劳动贡献分配,权与利的比例并不相等;股份制企业的表决权和利益分配比例默认是相同的。

(5)加入与退出的规定

合伙企业是根据合伙人之间的协议建立的,合伙人退出或新合伙人加入时,必须取得全体合伙人的同意,并重新签订协议。股份制企业的股东不能退股,只能将自己的股份转让给其他人。

10.2 合伙企业为什么没有资本注册要求？

对注册资本没有做出明确规定，是合伙企业与传统企业的显著区别之一。那么，为什么合伙企业，没有像传统企业那样，必须有明确的出资额（注册资本），以及最低限额呢？我们来看下面的分析：

对企业的注册资（本）金提出最低额度要求，是我国企业登记制度的重要内容，目的是保证企业拥有足额的运营资金，防止出现"皮包企业"，维护企业的资信能力，保护交易相对人的合法权益。而对合伙企业没有这方面的要求，这是不是意味着法律对合伙企业的注册要求降低了？

答案是否定的，这里我们需要搞清楚一个概念，注册资本和注册资金的区别。法律对合伙企业的注册资本没有出资要求，对注册资金却有明确要求。

一般从事生产经营的组织体，成立之初都必须拥有一定的资金保证，即必须具有一定的资本金。这是它对外从事经营活动的财产基础和保证，合伙企业也不例外。

注册资本与注册资金之间存在以下区别：

（1）注册资金所反映的是企业经营管理权；注册资本则反映的是公司法人财产权，所有的股东投入的资本一律不得抽回，由公司行使财产权。

（2）注册资金是企业实有资产的总和，注册资本是出资人实缴的出资额的总和。

（3）注册资金可随实有资金的增减而增减，即当企业实有资金比注册资金增加或减少20%以上时，要进行变更登记。而注册资本未经法定程序，不得随意增减。

国家为大力支持自主创业，取消了个人经营、合伙企业出资限制。高校毕业生、返乡农民工、下岗失业人员、复员退伍军人、残疾人等申办个体工商户、个人独资企业、合伙企业、农民专业合作社，不受注册资（本）金限制。

因此，对合伙企业只做了注册资金的要求，而没有注册资本的要求。

合伙企业作为一种初级、原始的企业组织形式，它注重的是人合，对于资本的依赖程度不是很强，只要能保证经营的最低需要即可。再者，由于合伙人本身承担的是无限连带责任，也以合伙人的其他财产为企业资信提供了保证，而且从近年来的实际操作情况来看，验资形式和验资报告的可信程度有限，注册资（本）金很难真实反映企业真正的经济实力和清偿能力。因此，合伙企业法不规定最低注册资（本）金，而由各合伙人根据实际协商确定出资，为更多的人，特别是一些有能力但一时缺少资金的人参与合伙经营创造了条件。

10.3　如何最大限度地确保创始人的股权利益？

很多初创公司，在分配完股权之后，由于没有设定股权分配与服务期挂钩的机制，导致中途离开的合伙人还持有公司大量的股权，分享着公司以后发展的收益，这对尚在公司继续合伙的人来说非常不公平。

尽管在合伙企业中，合伙人的投入，无论是资本投入，还是人力、物力的投入，往往是先投入再享受相应的利益，甚至需要承担完全的连带责任，但对创始人也是不公平的。创始人时刻面临着"一手拿钱、一手发股"的尴尬，因为即使取得了合伙人的投资，但未来的效益如何并没有保证，让投资者马上拿到股权，一旦中途退伙很可能损害到其他投资者的利益。

如西少爷肉夹馍事件中，宋鑫离开西少爷后，仍持有西少爷大量股权，暂且抛开创始人之间的纷争不说，宋鑫不再参与后续的工作，却继续持有股权，这必然会损害其他合伙人的利益。如果要继续做大西少爷，到最后极有可能又会上演一出排挤原股东、稀释原股东股份的大戏，而这些心思和精力本来是应当用于发展企业的。

其实，这也是创投者之间的必然矛盾，权利和义务不对等。所以，创始人必须采取一定的制衡措施来限制和制约投资者。最有效的方法就是与服务期挂钩，通过人力贡献换取股权。

什么是人力贡献换取股权呢？我们用一个例子来解释。比如，在项目启动时，首先，确定合伙人至少要服务多久才能有效体现其价值；其次，对合伙人在该期限内人力贡献的价值进行合理评估，确定创始人应该分配的股权；最后，将这些股权参照前面的期限，划分为若干"小份"，服务每满一定的期限，才能获得一"小份"股权。服务未满期限就撤出项目、离开创业团队的，服务期限未满部分对应的股权就不应该属于他。

10.4　该要干股还是湿股？

很多合伙企业在给合伙人股权分配时，常常会分配一部分干股，一部分湿股，或者让出资人自行选择。那么，选择干股好，还是选择湿股好呢？为此很多投资人感到十分困惑。这两种性质的股份到底孰优孰劣，有人觉得湿股压力太大，有人觉得干股权力太小。其实，这不能一概而论，需要结合自己的出资情况，在企业中的角色，以及其他实际情况综合考虑。

所谓干股，是指不需要创始人实际出资，不承担公司经营风险，仅仅拥有分红权的股份。湿股是指创始人实际出资，承担公司经营风险，亦享有对应股权分红权的股份。从概念中可以发现，干股和湿股最大的区别就在于"是否实际承担公司经营风险"。其实，这不能成为判断孰优孰劣的标准，接下来我们将具体分析如何选择。

从大股东的角度而言，想要把握公司的实际控制权，经营管理一手抓，有魄力敢于承担公司经营风险，毕竟决策权都在自己手里，亏了也亏得心服口服。这样的股东无疑适合成为湿股股东。

如果只是公司的一个小股东，如某人本行是个程序员，他一朋友正好想创业，于是就找他技术入股，从他朋友的角度讲可能不希望程序员来实际管理公司的经营事项，而从他的角度来讲他也不想实际承担公司的经营风险，于是，干股无疑适合这样的情况。

当然，这样的干股也是有风险的，被坑的情况也很多，如有的技术人员在获取干股后辛辛苦苦给湿股（老板）打工一年，到了年底该分红了，但老板说今年亏了不分红，那么就意味着这一年的干股似乎也白拿了。

看到这里，也许很多人会觉得干股不就是骗人的吗？其实不然，干股也有自己的优势：成本低、风险低。其实从根本上讲拿干股的过程是一个资源交换的过程。大股东给小股东干股，小股东虽然没有出资，但也拿出了技术。既然是一种交换，干股来源的实质是依托于双方签订的股权协议。干股股东可以在协议里与大股东约定：放弃公司的经营管理权，但保留其他股东权利（包括分红权），并要求予以工商变更登记。

10.5　私自转让合伙财产将承担什么责任？

关于合伙财产到底是归出资人所有，还是归企业集体所有，不能一概而论，这需要根据出资的形式以及所处阶段的财产综合而定。

　　一般来讲，以现金或明确以财产所有权出资的，出资人不再享有出资财产的所有权，而由全体合伙人共有。这也意味着这部分财产的所有权发生了转移，一旦投入就由出资人转移为共有财产。例如，合伙人以货币出资购买企业经营所需的设备后，合伙人出资的货币所有权转移而形成对设备的共有权。

　　而以土地使用权、房屋使用权、商标使用权、专利使用权等权利出资的，出资人并不因出资行为而丧失土地使用权、房屋所有权、商标权、专利权等权利，这些出资财产的所有权或使用权仍属于出资人，合伙企业只享有使用权和管理权。

　　据此，合伙人退伙或者合伙企业解散时，合伙人对前一部分财产有权要求返还原物，后一部分财产必须以共有财产的方式进行分割。

　　另外，还有一种财产属于共有财产，即合伙积累财产，换句话说，就是企业在存续期间依法经营产生的财产。依据《民法通则》第32条的规定，合伙经营积累的财产归合伙人共有。不过这种"共有"也有其特殊性，即按照各合伙人对合伙企业的出资份额和比例享有对等的权利，且只有在分配合伙企业利润、企业解散或退伙时的份额比例才具有实际意义，合伙企业存续期间任何合伙人不得以份额比例要求分割财产，也不得以份额大小来决定合伙人对合伙财产的使用和管理、事务执行方面的权利。

　　可见，合伙财产的性质是私有兼共有的，私有的归投资人所有，且可以自由支配；归全体合伙人统一管理与所有的，出资人则无权私自处置，否则会受到法律的制裁，给其他合伙人造成损失的应照价赔偿。

10.6　为什么有限合伙人不得以劳务出资？

　　《合伙企业法》第三章"有限合伙企业"相关内容中明确规定：有限合伙人可以用货币、实物、知识产权、土地使用权或者其他财产权利作价出资。那么，有限合伙人为什么不得以劳务出资呢？

　　所谓的劳务出资，是指合伙人以自己的劳动作为合伙企业的出资方式。《合伙企业法》不允许有限合伙人以劳务出资，是由有限合伙企业的特点、有限合伙人在合伙企业中的作用、承担责任的方式等决定的。有限合伙企业是在普通合伙企业人合性的基础上由有限合伙人参与投资而形成的人合和资合相结合的企业形式。

其中，有限合伙人一般只进行投资并依协议获取收益，不执行合伙事务，不参加企业的经营管理，对合伙企业承担有限责任。

根据这些特点，一是有限合伙人以劳务出资的必要性不大。二是有限合伙人将其财产出资到合伙企业后，其财产变为了企业的财产，有限合伙人对该财产不再有支配权，而劳务出资则无法转移支配权。三是有限合伙人以其认缴的出资额为限对合伙企业承担责任。有限合伙人若以劳务出资，则使其出资处于不确定状态，难以体现其对外承担责任的特点。

因此，禁止有限合伙人采用劳务出资方式。有些国家对此也有类似规定，如《法国商事公司法》第二十三条规定，合伙公司中的有限责任股东不得以技艺出资。《日本公司法》第五百七十六条规定，包括合伙公司在内的股权式公司的有限责任股东只能以金钱的形式出资。

10.7 项目（点子）出资人如何分红？

项目（点子）是企业的无形资产，往往决定着企业的内在生命力。现在很多合伙企业就十分看中这部分资产，宁愿以股权换取好的项目（点子）。因而，也有不少出资人仅就自己的某个项目（点子）而合伙做企业，并且获得了很大的股权收益。

这时，有的合伙人就感觉不公平了，为什么有的人仅凭一个点子或想法就可以获得股权，企业在分配股权时是不是应该少给他们点？

项目（点子）其实就是我们所说的知识产权，以知识产权的形式出资完全符合法律规定，理应获得相应的股权收益。但在具体分配比例上则没有明确规定，全凭企业创始人或合伙人协商而定，那么项目（点子）出资人拥有多少比例的股权最合适呢？

最科学的办法是结合执行而定，项目（点子）很重要，但执行更重要。即事先确定一个阶梯性的股权比例，如5% ～ 25%。如果出资人提供的某个项目（点子）仅仅是个想法或概念，没有完善的计划可获得最多5%的股权，然后随着该项目（点子）的执行效果再逐步增加。当有了较完善的计划，成熟地执行时增加至10%；如果形成了专利，对企业的发展或吸引投资有了显著的效果，则增加至25%，如图10-1所示。

反之，如果该项目（点子）最终没有执行下来，没有发挥实际作用，未转化成价值，那么出资人没有权利获得剩余的股权。

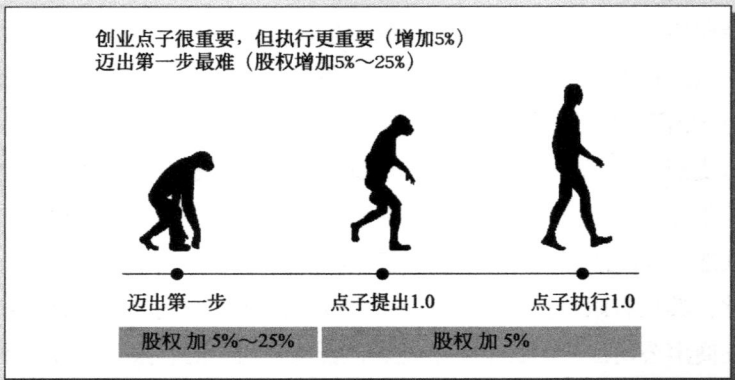

创业点子很重要，但执行更重要（增加5%）
迈出第一步最难（股权增加5%～25%）

迈出第一步　　　点子提出1.0　　　点子执行1.0

股权 加 5%～25%　　　　股权 加 5%

图10-1　项目（点子）出资人分红形式

10.8　合伙人未缴足出资如何分红？

按照法律的规定，合伙企业中的各个合伙人都应该足额出资，如果出资人由于某种原因只出了部分资金，是否应该享受分红权？

有这样一个案例，A、B合伙成立了一个企业，双方协商一人出资，一人出机器设备。按规定B应出6台机器，但到约定出资期限时只出了5台。为了不影响企业如期开工，A自己先购买了一台机器。1年后，企业生产状况良好，也到了"分红"时间，这时B有权按实缴的出资额要求增加分成吗？

答案肯定是无权，但这个实例涉及的绝不仅仅是这次的分红比例多与少，而是彻底改变了日后所有的分红比例，且需要对原先的出资比例进行修改。理由如下：

按照《合伙企业法》第十七条规定："合伙人应当按照合伙协议约定的出资方式、数额和缴付期限，履行出资义务。以非货币财产出资的，依照法律、行政法规的规定，需要办理财产权转移手续的，应当依法办理。"

按照此条规定，合伙人必须按照合伙协议实际缴付的出资，如果实际缴付与协议约定的出资不一致，则应当以实际缴付的出资为准。具体到该案例中，A为B垫付了一台机器，且B未归还，那么就视为A增加了出资数额，B减少了出资数额，这种实际出资数额的变化势必改变了原协议中出资数额条款的规定，因此，应该按实缴的出资额增减分配利润，并重新签订合伙协议。

10.9 企业法人与合伙人如何缴税？

按照相关法律的规定，合伙企业合伙人缴纳税收应遵循"先分后税"的原则。根据《财政部 国家税务总局关于合伙企业合伙人所得税问题的通知》（财税〔2008〕159号）的规定：合伙企业以每一个合伙人为纳税义务人。合伙企业合伙人是自然人的，缴纳个人所得税；合伙人是法人和其他组织的，缴纳企业所得税。

例如，某合伙企业成立时有3个合伙人，其中B为企业法人，另外两个合伙人D和W是自然人。2017年度该合伙企业取得合伙经营所得总计为600万元，按照合伙协议规定每个合伙人权益相同，也就是说，各个投资者均能取得200万元的所得，作为法人投资者公司和两位自然人合伙人就合伙所得应当如何缴税呢？

根据"先分后税"的原则，每一个合伙人都为纳税人，企业法人按照企业税率缴税，自然人按照个人所得税缴付。比照各自的税率，自然人应按照个人所得税税率为3%～45%计算。法人合伙人应按企业所得税率为10%～55%计算。

具体算法为：该合伙企业法人B缴纳企业所得税50万元（200×25%），自然人D和W缴纳个人所得税68.525万元（200×35%–1.475）。

另外，还需要注意法人合伙人企业所得税，应纳税所得额计算原则。有限合伙企业若有经营亏损，而企业合伙人本身生产经营有盈利的，不得用合伙企业的亏损来冲减本企业的盈利。

例如，A有限公司与N自然人成立了S有限合伙企业，S有限合伙企业在2017年经营出现亏损，按照合伙协议，A公司承担150万元，而A公司当年自身经营有200万元的盈利，按照现行税法的规定，A公司不能以合伙企业的150万元亏损来冲减其生产经营的利润，其2017年需要按照200万元的利润计算并缴纳企业所得税。

10.10 法院受理哪些合伙纠纷？

通过法律手段解决合伙纠纷是最佳途径之一，但并不是所有的纠纷都可上诉。有很多纠纷法院是不予受理的，为提高合伙人的上诉率，减少不必要的损失，就要在上诉前了解哪些纠纷在上诉范围之内，哪些只能内部解决。

通常来讲，符合上诉条件的合伙纠纷有两个大类，七个小类：

第一类：法律明确规定可以起诉的纠纷，如表10-1所示。

表10-1　合伙企业法中明确规定可诉讼的合伙纠纷

合伙除名纠纷	被除名人对除名决议有异议的，可以自接到除名通知之日起30日内向法院起诉
有限合伙人的维权纠纷	合伙人的合法利益在受到侵害时，有权向有责任的合伙人提起诉讼，类似于公司法中的股东诉讼
有限合伙人的代位纠纷	当执行合伙事务的合伙人怠于行使权利时，有限合伙人可为了本企业的利益以自己的名义提起代位诉讼，类似于公司法中的股东派生诉讼

第二类：法律虽未明确规定是否可诉，但其纠纷的内容具有可裁判性，且符合受理条件的也可提起上诉。

根据《合伙企业法》第一百零三条的规定："合伙人履行合伙协议发生争议的，合伙人可以通过协商或调解解决。不愿通过协商、调解解决或者协商、调解不成的，可以按照合伙协议约定的仲裁条款或者事后达成的书面仲裁协议，向仲裁机构申请仲裁。合伙协议中未订立仲裁条款，事后又没有达成书面仲裁协议的，可以向人民法院起诉。"

此类可涉诉事项有以下四种情况，如表10-2所示。

表10-2　合伙企业法未明确规定但具有可诉性的合伙纠纷

合伙协议约定或法律规定在可以追究违约责任情形下的纠纷	如有限合伙人未按期足额缴纳出资的应承担补交义务，并对其他合伙人承担违约责任
法律规定应对某类行为承担无限责任或连带责任，相关利害关系人因追究行为人的此类责任而涉诉的纠纷	如合伙企业注销后，原普通合伙人仍应对合伙企业存续期间的债务承担无限连带责任
法律规定对某类行为应当承担赔偿责任的纠纷	如须经全体合伙人一致同意，方可执行的事务，却擅自处理，给合伙企业或其他合伙人造成损失的，应承担赔偿责任。合伙人违反竞业禁止规则或进行关联交易的，对造成的损失应当承担赔偿责任
法律规定享有追偿权的纠纷	如合伙人由于承担无限连带责任而使得其实际清偿数额超过其应当承担的亏损比例的，有权向其他合伙人追偿

可见，并不是所有的合伙纠纷均可涉诉，即便是合伙协议有约定的纠纷亦未必可诉，能否受理的关键是审查纠纷的性质是否具有可裁判性。如纯属单纯的合伙人自治事项，司法权无法替代进行决策，且不具有可裁判性的纠纷。

法院不受理的四类合伙纠纷，如表10-3所示。

表10-3　法院不受理的四类合伙纠纷

1	合伙人一致同意的事项
2	需要借助合伙人的表决等"人身行为"来完成的事项
3	新合伙人的入伙程序与效力纠纷
4	合伙企业设立前的合伙协议是否继续履行

上述纠纷等均不得涉诉，更不得做出具有强制履行的裁判内容。因为此类纠纷属合伙人单纯自治事项，司法权无法进行有效的干预。

10.11　选错合伙人如何补救？

发现选错了合伙人，千万不要轻易踢对方出局或自己退出，而要视情况而定。如果你仅仅是联合创始人，可以考虑自己退出；如果你是主要创始人，退出则不是最好的选择，因为在这种情况下你占据着一定优势，可以想方设法说服这名合伙人退出；如果对方不退出则需要及时采取补救措施，以防对公司造成不必要的损失。

最有效的补救措施是给予限制性股权和分期兑现股权，即需要对其持有额度股权添加附加条件，或分期兑现。当然，这些补救措施也有些负作用。即对其他合伙人来说是不公平的，他们很容易因此感到不满，久而久之就会影响团队的安定团结。

相比较而言，分期兑现股权的副作用要大些，需谨慎使用。因为兑现股权从本质上来说就是撤销了对方的股权，意味着合伙人变成了普通员工。这对于合伙人来说就更不公平了，毕竟是曾经一起冲锋陷阵的战斗伙伴，持股比例低不是问题，没有股权性质就发生了改变。

第11章

合伙企业常用的
管理工具模板

本章列举了合伙人在经营管理中常用到
的13个表格、合同、协议模板，这些模板都
是合伙过程中必需的。模板+简析，清晰明
确，以便读者速查速用。

11.1 合伙企业设立登记申请表

项目	登记事项		
企业名称			
备用名称			
主要经营场所		联系人	
		联系方式	
执行事务合伙人或合伙人代表			
执行人姓名及其住所			
合伙人姓名及其住所			
经营范围		经营方式	
合伙企业类型			
合伙期限			
合伙人数		有限合伙人数	
从业人数			
认缴出资额		实缴出资额	
全体合伙人和执行合伙企业事务的合伙人签字			

11.2 合伙企业变更登记申请表

项目	原核准登记事项	申请变更登记事项
企业名称		
经营场所		
合伙人姓名及其住所		
执行人姓名及其住所		

项目	原核准登记事项	申请变更登记事项
经营范围及方式		
出资方式及出资额		
分支机构		
变更后的全体合伙人和执行合伙企业事务的合伙人签字		

注：1.本表只填登记事项变更的栏目。

2."执行人"指执行合伙企业事务的合伙人；"合伙人姓名及其住所"和"执行人姓名及其住所"只填退伙或新入伙的合伙人的情况。

3."分支机构"只填增加或减少的分支机构名称。

11.3 合伙人合伙合同模板

（三人）合伙合同

合伙人姓名_____，性别_____，年龄_____，住址_____

合伙人姓名_____，性别_____，年龄_____，住址_____

合伙人姓名_____，性别_____，年龄_____，住址_____

第一条 合伙宗旨

第二条 合伙经营项目和范围

第三条 合伙期限

合伙期限为___年，自____年____月____日起至____年____月___日止。

第四条 出资额、方式、期限

1.合伙人_____（姓名）以_____方式出资，计人民币_____元。

2.合伙人_____（姓名）以_____方式出资，计人民币_____元。

3.合伙人_____（姓名）以_____方式出资，计人民币_____元。

各合伙人的出资，于____年____月____日以前交齐，逾期不交或未交齐的，应对应交未交金额数计付银行利息并赔偿由此造成的损失。

本合伙出资共计人民币_____元。合伙期间各合伙人的出资为共有财产，不得随意请求分割，合伙终止后，各合伙人的出资仍为个人所有，至时予以返还。

第五条 盈余分配与债务承担

1.盈余分配，以_____为依据，按比例分配。

2.债务承担：合伙债务先由合伙财产偿还，合伙财产不足清偿时，以各合伙人的_____为据，按比例承担。

第六条 入伙、退伙，出资的转让

1.入伙条件：

2.退伙条件：

3.出资转让条件：

第七条 合伙负责人及其他合伙人的权利

1.合伙人_____负责_____事务。具体权限

2.合伙人_____负责_____事务。具体权限

3.合伙人_____负责_____事务。具体权限

第八条 禁止行为

1.未经全体合伙人同意，禁止任何合伙人私自以合伙名义进行_____造成损失的按实际损失赔偿。

2.如合伙人违反上述各条，应按合伙实际损失赔偿。劝阻不听者可由全体合伙人决定除名。

第九条 合伙的终止及终止后的事项

1.合伙因以下事由之一得以终止：

2.合伙终止后的事项：①即行推举清算人，并邀请_____中间人（或公证员）参与清算；②清算后如有盈余，则按收取债权、清偿债务、返还出资、按比例分配剩余财产的顺序进行。固定资产和不可分物，可作价卖给合伙人或第三人，其价款参与分配；③清算后如有亏损，不论合伙人出资多少，先以合伙共同财产偿还，合伙财产不足清偿的部分，由合伙人按出资比例承担。

第十条 纠纷的解决

合伙人之间如发生纠纷，应共同协商，本着有利于合伙事业发展的原则予以解决，如协商不成，可以诉诸法院。

续表

第十一条 本合同自订立并报经工商行政管理机关批准之日起生效并开始营业。

第十二条 本合同如有未尽事宜，应由合伙人集体讨论补充或修改。补充和修改的内容与本合同具有同等效力。

第十三条 其他条款

第十四条 本合同正本一式____份，合伙人各执一份，送____各存档一份。

甲方（签字或盖章）：_____

乙方（签字或盖章）：_____

丙方（签字或盖章）：_____

签约时间：____年____月____日

11.4 合伙人缴付出资确认书模板

（两人）合伙人缴付出资确认书（货币）

_____、_____共同投资组建_____（合伙企业名称），各合伙人认缴或实缴出资如下：

1.合伙人_____，认缴_____万元，实缴_____万元，余额_____缴清（填缴清时间）；

2.合伙人_____，认缴_____万元，实缴_____万元，余额_____缴清（填缴清时间）。

全体合伙人（签字或盖章）

____年____月____日

合伙人缴付出资确认书（非货币）

_____、_____共同投资组建_____（合伙企业名称），各合伙人认缴或实缴出资如下：

1.合伙人_____以经_____（选择评估或协商作价）的_____（选择实物、知识产权、土地使用权或者其他财产）认缴_____万元，实缴_____万元，余额_____缴清（填缴清时间）；

2.合伙人_____以经_____（选择评估或协商作价）的_____（选择实物、知识产权、土地使用权或者其他财产）认缴_____万元，实缴_____万元，余额_____缴清（填缴清时间）。

以上非货币财产，各合伙人已依照法律、行政法规的规定，依法办理财产权转移手续。

全体合伙人（签字或盖章）

____年____月____日

11.5 合伙人股权分配合同模板

（多人）合伙人股权分配合同

合伙人姓名＿＿＿＿＿，性别＿＿＿，年龄＿＿＿＿＿，住址＿＿＿＿＿
合伙人姓名＿＿＿＿＿，性别＿＿＿，年龄＿＿＿＿＿，住址＿＿＿＿＿
合伙人姓名＿＿＿＿＿，性别＿＿＿，年龄＿＿＿＿＿，住址＿＿＿＿＿
（依次增加）

第一条　企业概况

＿＿＿＿、＿＿＿＿、＿＿＿＿（依次增加）等共同投资设立有限责任公司（以下简称"公司"）。特在友好协商的基础上，根据《中华人民共和国合同法》《中华人民共和国公司法》以及相关法律的规定，达成如下协议：

拟设立的公司名称、住所、法定代表人、注册资本、经营范围及性质。

1.公司名称：

2.地址：

3.法定代表人：

4.注册资本：

5.经营范围：具体以工商部门批准经营的项目为准。

6.性质：公司是依照《公司法》等相关法律规定成立的有限责任公司。甲、乙双方各以其注册时认缴的出资额为限对公司承担责任。

第二条　股东及其出资入股情况

1.公司由甲、乙、丙股东共同投资设立，总投资额为＿＿＿＿＿元，包括启动资金和注册资金两部分，其中：启动资金＿＿＿＿＿元。甲方出资＿＿＿＿＿元，占启动资金的＿＿＿＿＿％；乙方出资＿＿＿＿＿元，占启动资金的＿＿＿＿＿％；丙方出资＿＿＿＿＿元，占启动资金的＿＿＿＿＿％。该启动资金主要用于公司前期开支，包括＿＿＿＿＿＿等，如有剩余，作为公司开业后的流动资金，股东不得撤回。

在公司账户开立前，该启动资金存放于各合伙人共同指定的临时账户（开户行：＿＿＿＿＿＿＿账号：＿＿＿＿＿＿＿＿＿＿＿＿），公司开业后，该临时账户内的余款将转入公司账户。各合伙人均应于本协议签订之日起＿＿＿日内将各应支付的启动资金转入上述临时账户。

2.注册资金（本）＿＿＿＿＿元。甲方以现金作为出资，出资额＿＿＿＿＿元人民币，占注册资本的＿＿＿＿＿％；乙方以现金作为出资，出资额＿＿＿＿＿元人民币，占注册资本的＿＿＿＿＿％；丙方出资＿＿＿＿＿元，占注册资本的＿＿＿＿＿％；

该注册资本主要用于公司注册用，并用于公司开业后的流动资金，股东不得撤回。各合伙人均应于公司账户开立之日起＿＿＿＿＿日内将各应缴纳的注册资金存入公司账户，任一方股东违反上述约定，均应按本协议承担相应的违约责任。

第三条　公司管理及职能分工

1.公司设（不设）董事会，不设董事会可设执行董事和监事，并注明任期为＿＿＿＿＿年。

2.明确各股东的职能。甲方为公司的＿＿＿＿＿＿，负责公司的＿＿＿＿事务，具体职责包括：

（1）

（2）

（3）

乙方为公司的_____，负责公司的_____事务，具体职责包括：

（1）

（2）

（3）

丙方为公司的_____，负责公司的_____事务，具体职责包括：

（1）

（2）

（3）

（依次增加）

3.重大事项处理

公司不设股东会，遇有如下重大事项，须经各方达成一致决议后方可进行。

（1）

（2）

（3）

（4）

对于上述重大事项的决策，各方意见不一致的，在不损害公司利益的原则下，可按如下方式处理：

（1）

（2）

（3）

（4）

4.除上述重大事项需要讨论外，各方一致同意，每周进行一次的股东例行会议上，对公司上一阶段经营情况进行总结，并对公司下一阶段的运营进行计划部署。

第四条　资金、财务管理

1.公司成立前，资金由临时账户统一收支，并由各方共同监管和使用，一方对任一方资金使用有异议的，该方须给出合理解释，否则提疑方有权要求该方赔偿损失。

2.公司成立后，资金将由开立的公司账户统一收支，财务统一交由各方共同聘任的财务会计人员处理。公司账目应做到日清月结，并及时提供相关报表交甲、乙、丙三方签字认可备案。

第五条　盈亏分配

1.利润和亏损各方按照实缴的出资比例分享和承担。

2.公司税后利润，在弥补公司前季度亏损，并提取法定公积金（税后利润的_____%）后，方可进行股东分红。

3.股东分红的具体规定为：

（1）分红的时间：

（2）分红数额：

（3）公司的法定公积金累计达到公司注册资本的_____%以上，可不再提取。

第六条　转股或退股的约定

转股：公司成立起_____年内，股东不得转让股权。自第_____年起可进行转让，且需经过其他股东同意。此时，未转让方对拟转让的股权享有优先受让权。转让股东将其全部股权转让，若导致公司性质变更的，转让方应负责办理相应的变更登记等手续；若因此导致其他股东丧失法人资格的，应承担主要责任。

11.6 合伙人股权转让协议书模板

合伙人股权转让协议书

由于_____公司股东_____在_____年_____月_____日离开公司，提出退本股权，特申请办理股权转让协议。

甲方姓名（转让方）：

地址：

身份证号码：

联系方式：

乙方姓名（受让方）：

地址：

身份证号码：

联系方式：

甲、乙双方根据《中华人民共和国公司法》等法律、法规和_____公司（以下简称"该公司"）章程的规定，经友好协商，本着平等互利、诚实信用的原则，签订本股权转让协议，以兹共同遵照执行。

第一条 股权的转让

1. 甲方自愿将其持有_____公司的_____%的股权转让给乙方；

2. 乙方同意接受上述转让的股权；

3. 甲乙双方确定的转让价格为人民币_____万元；

4. 甲方保证向乙方转让的股权不存在第三人的请求权，没有设置任何质押，未涉及任何争议及诉讼；

5. 甲方向乙方转让的股权中尚未实际缴纳出资的部分，转让后，由乙方继续履行这部分股权的出资义务；

（注：若本次转让的股权系已缴纳出资的部分，则删去第5款。）

6. 本次股权转让完成后，乙方即享受_____%的股东权利并承担义务。甲方不再享受相应的股东权利和义务；

7. 甲方应对该公司及乙方办理相关审批、变更登记等法律手续提供必要协作与配合。

第二条 转让款的支付

（转让款的支付时间、支付方式由转让双方自行约定并载明于此）。

_____

第三条 违约责任

1. 自本协议正式签订后，任何一方不履行或不完全履行本协议约定条款的，即构成违约。违约方应当负责赔偿其违约行为给守约方造成的损失。

2. 任何一方违约时，守约方有权要求违约方继续履行本协议。

续表

第四条 适用法律及争议解决

1. 本协议适用中华人民共和国的法律。

2. 凡因履行本协议所发生的或与本协议有关的一切争议，双方应当通过友好协商解决；如协商不成，则通过诉讼解决。

第五条 协议的生效及其他

1. 本协议经双方签字盖章后生效。

2. 本协议生效之日即为股权转让之日，该公司据此更改股东名册、换发出资证明书，并向登记机关申请相关变更登记。

3. 本合同一式____份，甲乙双方各持____份，该公司存档____份，申请变更登记____份。

甲方（签字或盖章）：_____   乙方（签字或盖章）：_____

签订日期：____年____月____日   签订日期：____年____月____日

11.7 合伙人股权代持协议书模板

合伙人股权代持协议书

甲方姓名（转让方）：

地址：

身份证号码：

联系方式：

乙方姓名（代持方）：

地址：

身份证号码：

联系方式：

甲、乙双方本着平等互利的原则，经友好协商，就甲方委托乙方代为持股事宜达成如下协议，以兹共同遵照执行。

第一条 委托内容

甲方自愿委托乙方作为自己对_____公司（以下简称"公司"）人民币_____万元出资（该出资占公司注册资本的_____%，以下简称"代持股份"）的名义持有人，并代为行使相关股东权利，乙方愿意接受甲方的委托并代为行使该相关股东权利。

第二条 委托权限

甲方委托乙方代为行使的权利包括：由乙方以自己的名义将受托行使的代持股权作为在公司股东登记名册上具名、在工商机关予以登记、以股东身份参与相应活动、代为收取股息或红利、出席股东会并行使表决权，以及行使公司法与公司章程授予股东的其他权利。

第三条 甲方的权利与义务

1. 甲方作为代持股份的实际出资者，对公司享有实际的股东权利并有权获得相应的投资收益；乙方仅以自身名义代甲方持有该代持股份所形成的股东权益，而对该等出资所形成的股东权益不享有任何收益权或处置权（包括但不限于股东权益的转让、质押、划转等处置行为）。

2. 在委托持股期限内，甲方有权在条件具备时，将相关股东权益转移到自己或自己指定的任何第三人名下，届时涉及的相关法律文件，乙方须无条件同意，并无条件承受。

3. 甲方作为代持股份的实际所有人，有权依据本协议对乙方不适当的受托行为进行监督与纠正，并有权基于本协议约定要求乙方赔偿因受托不善而给自己造成的实际损失，但甲方不能随意干预乙方的正常经营活动。

4. 甲方认为乙方不能诚实履行受托义务时，有权依法解除对乙方的委托并要求依法转让相应的代持股份给委托人选定的新受托人。

第四条　乙方的权利与义务

1. 未经甲方事先书面同意，乙方不得转委托第三方持有上述代持股份及其股东权益。

2. 乙方承诺其所持有的股权受到本协议内容的限制。乙方在以股东身份参与公司经营管理过程中需要行使表决权时至少应提前7日通知甲方并取得甲方书面授权。在未获得甲方书面授权的前提下，乙方不得对其所持有的代持股份及其所有收益进行转让、处分或设置任何形式的担保，也不得实施任何可能损害甲方利益的行为。

3. 乙方承诺将其未来所收到的因代持股而产生的全部收益（包括现金股息、红利或任何其他收益分配）_____%（数量）转交给甲方，并承诺将在获得该等投资收益后_____日内将该等投资收益划入甲方指定的银行账户。如果乙方无法按时交付，应向甲方支付等同于同期银行逾期贷款利息的违约金。

4. 在甲方拟向公司股东或股东以外的人转让代持股份时，乙方必须对此提供必要的协助及便利。

第五条　委托持股费用
乙方受甲方委托代持股份期间，收取代持报酬_____元。

第六条　委托持股期间
甲方委托乙方代持股份的期间自本协议生效开始，至乙方根据甲方指示将代持股份转让给甲方或甲方指定的第三人时终止。

第七条　保密条款
协议双方对本协议履行过程中所接触或获知的对方的任何商业信息均有保密义务，除非有明显的证据证明该等信息属于公知信息或者事先得到对方的书面授权。该等保密义务在本协议终止后仍然继续有效。任一方因违反该等义务而给对方造成损失的，均应当赔偿对方的相应损失。

第八条　争议的解决
凡因履行本协议所发生的争议，甲、乙双方应友好协商解决，协商不能解决的，任一方均有权将争议提请公司注册地人民法院诉讼解决。

第九条　其他事项
本合同一式____份，甲乙双方各持____份，该公司存档____份，申请变更登记____份。
甲方（签字或盖章）：_____　　　乙方（签字或盖章）：_____
签订日期：_____年_____月_____日　　　签订日期：_____年_____月_____日

11.8 合伙人资产分割协议书模板

合伙人资产分割协议书

甲方姓名：
地址：
身份证号码：
联系方式：

乙方姓名：
地址：
身份证号码：
联系方式：
因甲、乙双方合伙共同经营＿＿＿＿＿＿＿＿＿＿（工商登记号：＿＿＿＿＿＿＿＿＿＿）
的合作基础已丧失，经双方友好协商决定，依据《中华人民共和国民法通则》《中华人民共和国
合伙企业法》及《合伙协议》的相关规定和约定，就合伙经营企业的财产分割相关事宜达成如下
协议：

第一条 甲乙双方共同经营的财产范围
1. 主要财产
（财产详情）

2. 其他财产
（财产详情）

第二条 甲乙双方共同经营的分割方案
本着公平合理和诚实守信的原则做出如下分割：
1.＿＿＿＿＿＿＿＿＿＿＿＿＿＿＿＿＿＿＿＿＿归甲方所有，代表更名为甲方，＿＿＿＿＿
＿＿＿＿＿＿＿＿＿＿＿＿＿＿＿＿＿＿＿归乙方所有，代表更名为乙方。
2. 甲方需补偿乙方＿＿＿＿万元人民币。（或乙方需补偿甲方＿＿＿＿万元人民币。）
（1）补偿期限：＿＿＿＿＿＿＿＿＿＿＿＿＿＿＿＿
（2）补偿方式：＿＿＿＿＿＿＿＿＿＿＿＿＿＿＿＿

第三条 分割财产的交付和转移
自本协议签订之日起＿＿＿＿＿日内变更登记＿＿＿＿＿＿＿＿手续；变更完成后视为乙方退出。

第四条 争议解决方式
双方因本协议发生争议的，应先协商解决，若协商未达到预期效果，一方可向当地人民法院
提起诉讼。

续表

第五条　其他

1. 分割后，甲方所持财产发生的一切风险＿＿＿＿＿＿＿＿＿＿等均与乙方无关。

2. 本协议自签订之日起生效。

第六条 其他事项

本合同一式＿＿＿份，甲乙双方各持＿＿＿份，该公司存档＿＿＿份，申请变更登记＿＿＿份。

甲方（签字或盖章）：＿＿＿＿＿＿＿　　　　乙方（签字或盖章）：＿＿＿＿＿＿＿

签订日期：＿＿＿＿年＿＿＿＿月＿＿＿＿日　　签订日期：＿＿＿＿年＿＿＿＿月＿＿＿＿日

11.9　合伙人资产评估司法鉴定申请书模板

合伙人资产评估司法鉴定申请书

甲方姓名：

地址：

身份证号码：

联系方式：

乙方姓名：

地址：

身份证号码：

联系方式：

1. 请求事项

请求人民法院委托司法鉴定机构对申请人与被申请人的合伙资产的价值及＿＿＿＿＿年＿＿＿＿＿月＿＿＿＿＿日至＿＿＿＿＿年＿＿＿＿＿月＿＿＿＿＿日营运期间的经营收益进行司法评估和审计鉴定。

2. 事实与理由

申请人与被申请人合伙纠纷一案，由于申请人对双方的合伙资产的价值及＿＿＿＿＿年＿＿＿＿＿月＿＿＿＿＿日至＿＿＿＿＿年＿＿＿＿＿月＿＿＿＿＿日营运期间的经营收益无法确定，该资产的价值及收益直接决定本案的审理结果，根据《民事诉讼法》第七十二条和《最高人民法院关于民事诉讼证据的若干规定》第二十五条的规定，特向人民法院申请委托鉴定。

此致！

＿＿＿＿＿＿＿＿＿＿＿＿＿＿区人民法院

申请人：

＿＿＿＿＿年＿＿＿＿＿月＿＿＿＿＿日

11.10 合伙人资产评估协议书模板

合伙人资产评估协议书

甲方姓名：
地址：
身份证号码：
联系方式：

乙方姓名：
地址：
身份证号码：
联系方式：

第一条 为明确各合伙人之间的权利、义务以及合伙人丙对合伙资产评估事务所的责任、权利，根据《中华人民共和国民法通则》《中华人民共和国合同法》《中华人民共和国合伙企业法》及其他法律、法规，遵循平等自愿和友好协商的原则，订立本协议。

第二条 合伙资产评估事务所名称为：_____
法定地址：_____
_____
合伙人姓名：_____性别：_____年龄：_____
住址：_____
身份证号码：_____
以后其他新增的合伙人接受本协议约束，方能加入本合伙事务所。

第三条 合伙人出资
甲：
乙：
丙：

第四条 合伙人丙不出资，不参与合伙资产评估事务所管理。合伙人丙同意根据有关法律、法规的强制性规定应当由丙承担的民事责任，丙予以承担。其他各合伙人同意在丙承担民事责任之后，对其承担的民事责任给予全额赔偿，且其他各合伙人对丙的赔偿承担无限连带责任。

第五条 丙在事务所正常决定经营范围内的执业行为，由本人承担民事责任。在执行与事务所经营有关的业务过程中，因本人过错使他人遭受伤害或财产损失时，不受本协议第四条约束，由丙本人承担责任。

第六条 盈亏的处理，全体出资合伙人一致同意丙不承担合伙企业的亏损，也不享有合伙企业盈利分配。

第七条 全体合伙人一致同意丙享有一切执行的权利，合伙企业为丙提供一切执行职务的便利条件，并免除各项费用。

第八条 退伙
全体合伙人一致同意在丙提前三十日通知其他合伙人的情况下，可以退伙，无条件为丙办理退伙手续。

第九条 其他未尽事项，另行协商，本协议各合伙人各持一份，具有同等效力。

第十条 本协议自签订之日起生效。

第十一条 本合同一式____份，甲乙双方各持____份，该公司存档____份，申请变更登记____份。
甲方（签字或盖章）：_____ 乙方（签字或盖章）：_____
签订日期：____年____月____日 签订日期：____年____月____日

11.11 合伙人股权分配协议书模板

（三人）合伙人股权分配协议书

第一条 合伙人的基本情况
姓名_____，性别____，年龄_____，住址_____
姓名_____，性别____，年龄_____，住址_____
姓名_____，性别____，年龄_____，住址_____

第二条 协议目的
根据《××××合伙协议》的规定，合伙人经协商，对分配_____年_____月_____日至_____年_____月_____日个人合伙利润达成一致意见，特签署本协议。
本合伙是由合伙人_____、_____和_____共同出资，以_____为目的而结成的。合伙的期限为自签约之日起。合伙已经在工商部门完成登记，个体工商字号为_____，经营场所为_____，由_____作为合伙负责人按照授权处理日常合伙事务。

第三条 个人合伙盈利情况

个人合伙财产经营情况表（____年____月____日至____年____月____日）			
资产		负债	
不动产			
动产			
现金			
合计		合计	

个人合伙在扣除债务后，可分配净资产数额为_____元。

续表

第四条 个人合伙分配的基本原则

所有合伙人一致同意，按照各合伙人在合伙中所占份额为标准进行利润的分配，各合伙人应分配利润数额如下：

合伙人姓名	所占股份	应分配利益

第五条 利润分配方式

本合同的合作期限为_____年，以下为具体的利润分配方式：

1. 第_____年，公司需将所合作项目收取费用的_____%给甲、_____%给乙、_____%给丙，作为收益；

2. 第_____年，公司需将所合作项目收取费用的_____%给甲、_____%给乙、_____%给丙，作为收益；

3. 第_____年，公司需将所合作项目收取费用的_____%给甲、_____%给乙、_____%给丙，作为收益。

(其他相关规定)

第六条 争议解决

各方就履行中产生的任何争议，都应由各方通过友好协商解决，协商不成的，各方一致同意将该争议提交至仲裁委员会进行仲裁。

任何一方都有权向_____人民法院提起诉讼。

第七条 本合同未尽事宜，按照法律、法规、规章、政策执行。

甲方（签字盖章）：_____　　　　乙方（签字盖章）：_____

签订日期：_____年_____月_____日　　　签订日期：_____年_____月_____日

11.12 新合伙人入伙协议书模板

新合伙人入伙协议书

甲方姓名（原合伙人）：
地址：
身份证号码：
联系方式：

乙方姓名（入伙人）：
地址：
身份证号码：
联系方式：

第一条 协议目的

经过全体合伙人共同协商，一致同意_____作为新合伙人加入本合伙公司。

本协议以规范新入伙人权利和义务为目的，在《个人合伙协议》的基础上，由新合伙人与原合伙人协商一致后订立。新合伙人_____已经完整阅读并充分了解了《新合伙人入伙协议》中规定的权利和义务，并同意完全遵守。

第二条 个人合伙的基本情况

本合伙是由合伙人_____、_____和_____共同出资，以_____为目的而结成的。合伙的期限为自签约之日起_____年。

合伙已经在工商部门完成登记，个体工商字号为_____，经营场所为_____，由_____作为合伙负责人按照授权处理日常合伙事务。

第三条 新合伙人的出资方式、数额、缴付期限

新合伙人_____以_____方式出资，计人民币_____元；_____年_____月_____日前实际缴足出资，逾期未缴或未缴足的，视为未加入合伙，已缴部分予以退还。

完成出资之日视为入伙日，正式成为本合伙公司的合伙人。所有合伙人需签署《新合伙人出资证明》，确认新合伙人的出资份额。

第四条 利润分配

新合伙人的利润分配，自入伙日起开始起算，以其出资额占合伙资产的比例为依据，按比例分配。

第五条 债务承担

新合伙人同意对加入合伙之前的所有债务承担偿付义务。原合伙人需要将个人合伙的经营状况向新合伙人如实告知，对于未予告知的债务，新合伙人不需要承担偿付义务。如新合伙人对外予以偿付的，则可以向其他合伙人进行追偿。

合伙债务先由合伙财产进行清偿，合伙财产不足以清偿的，以入伙日起各合伙人的出资比例承担。

续表

第六条 争议解决

各方就履行中产生的任何争议，都应由各方通过友好协商解决，协商不成的，各方一致同意将该争议提交至_____仲裁委员会进行仲裁。

任何一方有权向_____人民法院提起诉讼。

第七条 其他

1. 经协商一致，合伙人可以修改本协议或对未尽事宜进行补充；补充、修改内容与本协议相冲突的，以补充、修改后的内容为准。

2. 本协议一式_____份，合伙人各执_____份，均具有同等效力。

3. 本协议经全体合伙人签名、盖章后生效。

原合伙人（签字盖章）：_____　　　　日期：_____年_____月_____日

新合伙人（签字盖章）：_____　　　　日期：_____年_____月_____日

11.13 合伙人退出协议书模板

合伙人退出协议书

甲方姓名（原合伙人）：

地址：

身份证号码：

联系方式：

乙方姓名（退伙人）：

地址：

身份证号码：

联系方式：

根据《中华人民共和国合伙企业法》与双方合伙协议的相关条款规定，按照自愿、平等、公平、诚实的原则，经全体合伙人协商一致，制订本协议。

第一条 甲、乙双方合伙经营的公司名称：_____；

住址：_____；营业执照号码：_____；

其他权证号码：_____。

第二条 经甲乙双方协商同意，以_____年___月___日为乙方退伙之日。

第三条 甲、乙双方于_____年___月___日订立合伙协议，共同合伙经营事业，现因乙方_____原因，提出退伙并经全体合伙人同意。

第四条　甲、乙双方于＿＿＿＿年＿＿＿＿月＿＿＿＿日按照退伙时的合伙企业的财产进行结算，退还退伙人乙方＿＿＿＿元。

第五条　乙方应缴清其在合伙期间内的一切税费。

第六条　乙方对其退伙前已发生的合伙企业债务，与其他合伙人承担连带责任。

第七条　乙方退伙后，合伙事业某些事项需要乙方予以协助完成的，乙方有义务予以配合，如变更有关登记事项、变更有关协议主体、履行未完结的合同等。

第八条　甲、乙双方承诺对双方合伙、退伙事宜俱无隐瞒。任何一方隐瞒事实、损害另一方合法权益的，应承担相应的法律责任。

第九条　本协议自甲、乙双方共同签字后成立，一式＿＿＿＿份，甲、乙双方各执一份为凭。

甲方（签字盖章）：

乙方（签字盖章）：

＿＿＿＿年＿＿＿＿月＿＿＿＿日

参 考 文 献

［1］包啟宏，沈柏锋. 中国式股权：股权合伙、股权众筹、股权激励一本通. 北京：
中国铁道出版社，2016.

［2］郑指梁，吕永丰. 合伙人制度——有效激励而不失控制权是怎样实现的. 北京：
清华大学出版社，2017.

［3］上海宋海佳律师事务所. 合伙人——股东纠纷法律问题全书. 第二版. 北京：知识
产权出版社，2017.

［4］法律出版社法规中心. 中华人民共和国合伙企业法. 北京：法律出版社，2010.

［5］李振勇. 合伙制——互联网时代的高效企业组织模式. 北京：人民邮电出版社，
2016.